Lettres d'un homme d'affaires à son fils

COLLECTION RÉUSSITE
Personnelle

CHEZ LE MÊME ÉDITEUR:

Dans la même collection:

Les échelons de la réussite, Ralph Ransom

Le facteur réussite, Sidney Lecker

Stratégies pour conquérir la personne de vos rêves,
    Thomas W. McKnight

Le succès de A à Z (2 tomes), André Bienvenue

Oser rêver!, Florence Littauer

Vaincre les obstacles de la vie, Gerry E. Robert

Plan d'action pour votre vie, stratégies et techniques,
    Mamie McCullough

En vente chez votre libraire ou à la maison d'édition
Prix sujets à changement sans préavis

Si vous désirez obtenir le catalogue de nos parutions,
il suffit de nous écrire aux
éditions Un monde différent ltée,
3925, boulevard Grande-Allée
Saint-Hubert (Québec), Canada J4T 2V8
ou de composer le (514) 656-2660

G. Kingsley Ward

Lettres d'un homme d'affaires à son fils

Les éditions Un monde différent ltée
3925, boulevard Grande-Allée
Saint-Hubert (Québec)
Canada J4T 2V8
(514) 656-2660

DISTRIBUTION:

Pour le Canada:

Les messageries ADP
955, rue Amherst
Montréal (Québec)
H2L 3K4
Tél.: (514) 523-1182

Pour la France:

Dilisco
122, rue Marcel Hartmann
94200 Ivry-sur-Seine
Paris (France)
Tél.: (1) 49 59 50 50

Pour la Belgique:

Vander s.a.
321, avenue des Volontaires
B-1150 Bruxelles (Belgique)
Tél.: (32-2) 762 9804

Cet ouvrage a été publié en langue anglaise sous le titre original:
LETTERS OF A BUSINESSMAN TO HIS SON
Published by Collins Publishers
100 Lesmill Rd., Don Mills, Ontario
Copyright © 1985 by G. Kingsley Ward

©, Les éditions Un monde différent ltée, 1992
Pour l'édition en langue française

Dépôts légaux: 4e trimestre 1992
Bibliothèque nationale du Québec
Bibliothèque nationale du Canada

Conception graphique de la couverture:
SERGE HUDON

Photo de la couverture:
PHOTO MARK INC.

Mannequin:
MARCEL ST-ONGE

Version française:
JEAN-PIERRE MANSEAU

Photocomposition et mise en pages:
COMPOSITION MONIKA, QUÉBEC

ISBN: 2-89225-199-0

Ce livre est dédié à King et Julie

À tous les jeunes intéressés
au monde des affaires
et à
leur avenir

«Ne craignez pas la grandeur:
certains naissent grands;
certains atteignent la grandeur;
et d'autres ont de la grandeur
sans la rechercher.»

William Shakespeare
La Nuit des rois

Table des matières

Remerciements 11

Introduction de Bob Proctor 13

Préface de l'auteur 17

Les lettres

Le défi 25

L'éducation 31

À propos du succès 39

Conserver la vitesse acquise 45

Premiers jours dans le vrai monde 49

L'intégrité 55

Qu'est-ce qu'un entrepreneur? 59

L'expérience 71

Les employés 75

L'association 81

Le mariage 87

L'agrandissement d'une entreprise 93

L'argent 99

Comment parler en public 109

Les comportements, la tenue et les bonnes
manières 117

Les gérants de banque 127

Comment négocier avec le gouvernement . . . 133

Le principe de la diversification 137

La valeur de la lecture 143

Le travail d'équipe 155

Sur le bonheur 161

Sur le licenciement des gens 167

L'amitié 173

À propos de la critique 181

La sécurité financière personnelle 187

Se tenir prêt 195

Le stress et la santé 201

Être un meneur 209

Un équilibre de vie 215

Tu mènes seul la barque 223

Remerciements

Publier un livre est une tâche dévorante — beaucoup plus difficile et éprouvante encore pour les nerfs lorsqu'elle est entreprise par un homme d'affaires qui se veut à la fois écrivain et époux, et qui tente d'exprimer certaines de ses pensées par le moyen de l'écriture. Je le sais par expérience, car mon épouse Adèle a assumé ce projet presque impossible d'essayer de conserver l'essentiel de ce que je voulais dire, à ma façon, avec toutes les virgules, les points aux bons endroits, les barres sur les «t» et les points sur les «i». Son serment de mariage en 1959: «Pour le meilleur et pour le pire», n'incluait pas ce travail fastidieux, mais cette corvée maintenant achevée, nous sommes tous deux heureux d'affirmer que notre mariage est toujours intact et que notre maisonnée a retrouvé son rythme normal. D'un point de vue positif, je crois qu'Adèle, tout comme moi, a pris plaisir à cet effort partagé. Et je pense que le résultat final a même renforcé notre association, notre union. En sa qualité d'artiste, elle a eu la patience de mettre la touche finale à ce projet.

Je lui en suis reconnaissant.

Introduction

Au cours du dernier quart de siècle, j'ai entretenu une «relation amoureuse» avec les livres, de grands livres; des livres qui m'ont incité à réfléchir longuement et profondément à propos de ma façon de vivre et du sens à donner à ma vie.

Lorsque je regarde en arrière, je peux affirmer sans équivoque que les livres m'ont aidé à améliorer chaque facette de ma vie.

Henry Drummond écrivit un jour qu'une personne décédée depuis mille ans ou plus pouvait avoir sur votre vie une influence plus grande qu'une personne vivant aujourd'hui. Monsieur Drummond avait tout à fait raison: de telles personnes peuvent avoir cette influence, et d'une façon certaine, à travers leurs écrits.

J'ai consacré la majeure partie de ma vie adulte à aider les gens à prendre conscience des énormes réservoirs de talents et d'habiletés qu'ils ont en eux-mêmes. En partant du principe que la plus grande ressource est la ressource humaine, j'ai eu le privilège de travailler partout en Amérique du Nord, dirigeant des séminaires de développement personnel pour quelques-unes des compagnies les plus importantes et les plus prospères au monde. Des milliers d'hommes, de femmes et d'enfants ont assisté à ces séminaires — chacun, chacune voulant en savoir plus long à propos d'eux-mêmes; chacun, chacune cherchant, à sa façon, une manière de vivre plus efficace et meilleure pour lui permettre de connaître enfin une vie significative.

Mes nombreuses années d'expérience dans cette entreprise qui consiste à «orienter les gens» m'ont convaincu, sans l'ombre d'un doute, qu'il existe toujours pour une personne une meilleure façon d'obtenir plus de la vie et de profiter de récompenses plus grandes encore. Il est indubitable que le livre que vous tenez actuellement entre les mains vous dirigera, à coup sûr, dans cette direction.

Je me sens honoré d'avoir la chance d'écrire cette introduction pour un réel ami et un grand homme: Kingsley Ward.

Kingsley Ward est un individu des plus fascinants; il est facile alors de comprendre qu'il puisse nous offrir un livre remarquable. Kingsley Ward est un millionnaire qui a réussi par ses propres moyens, il est aussi président d'un groupe de compagnies, et il participe activement au niveau exécutif dans plusieurs associations. D'autre part, cet homme est un grand gagnant au jeu de la vie.

Au cours de mes nombreux voyages, j'ai eu le privilège de rencontrer plusieurs personnes qui agissent au même haut niveau que Kingsley Ward. Ce qui n'a rien d'étonnant, c'est que ces êtres partagent un même projet commun: un brûlant désir d'aider les gens. Sous ce rapport, Kingsley Ward ne fait certainement pas exception.

Nous avons un jour pris un agréable déjeuner ensemble. La nourriture était excellente, la conversation délectable. Notre discussion s'orienta soudain sur les livres. C'est à ce moment que Kingsley Ward me raconta une histoire des plus intéressantes qui mena à la publication du livre que vous avez sous les yeux.

Au début de son histoire, il me signala que lors des semaines précédentes il s'était affairé à revoir en détail les

14

différents éléments de sa fortune — s'assurant ainsi que ses nombreuses entreprises étaient en bon ordre — ce que tous les gens d'affaires qui ont réussi font habituellement. Il me confia que bien qu'étant ravi de la fortune qu'il avait établie, et avec raison, il était pourtant attristé de ne pas pouvoir léguer son atout le plus valable: ses nombreuses années d'expérience chèrement acquises. Car c'était, en fait, cette expérience qui lui avait permis d'accumuler ces avoirs plutôt substantiels.

À force de chercher une façon de transférer cette inestimable possession, Kingsley Ward s'arrêta sur l'idée d'écrire une série de lettres. Chacune d'elles contenant la pépite d'or d'une leçon ou d'un principe de grande valeur qu'il avait appris au cours de sa vie — bien souvent à ses propres dépens et à grands frais. Lorsqu'il eut complété cette étonnante compilation de lettres, il décida d'en faire un livre pour sa famille et ses amis les plus proches.

J'étais totalement intrigué par ce qu'il me racontait et je lui demandai si j'aurais le plaisir de lire tous ces matériaux qu'il avait rassemblés. Il accéda à ma demande.

À mesure que je parcourais ces lettres, je me rendis rapidement compte que je tenais entre les mains un bien inappréciable, car manifestement, ce n'était pas là que des lettres pour son fils, c'était des compositions de main de maître, pertinentes aux besoins de chaque fils ou fille. Tous et chacun pourraient bénéficier de ces lettres renfermant des règles pratiques et inestimables sur la façon de réussir dans chaque facette de la vie. J'ai lu des milliers de livres sur ce sujet, dont la majorité contiennent beaucoup d'informations de grande valeur au niveau ésotérique; seuls quelques-uns font valoir des idées plus terre à terre et de nature pratique. En outre, ces règles se sont révélées efficaces à 100 % dans la vie de leur auteur: Kingsley Ward.

À la lecture de ce livre, gardez bien à l'esprit qu'il a été écrit au genre masculin, car ce sont les lettres d'un père à son fils. Néanmoins, leur contenu s'applique tout aussi bien aux deux genres.

Pendant des années j'ai indiqué à des auditoires que ce n'est pas la somme des lectures ou la capacité de mémoriser qui occasionne la réussite dans la vie; ce qui compte, c'est la compréhension et l'application de sages pensées. Pour que vous puissiez tirer avantage des nombreuses années d'expérience couronnées de succès de Kingsley Ward, il vous sera nécessaire d'étudier, de comprendre, puis, de mettre en pratique chacune de ces grandes leçons.

Pour conclure, permettez-moi de vous laisser sur ces mots immortels de Socrate qui, je crois, sont des plus appropriés:

«Employez votre temps à vous améliorer vous-même à travers les écrits des autres, de cette façon, vous arriverez plus facilement à ces choses pour lesquelles d'autres ont peiné durement pour réussir à les atteindre.»

Bob Proctor

Préface de l'auteur

Ayant survécu à deux sérieuses interventions chirurgicales en l'espace de quatre ans, j'ai vite compris que nul n'est éternel et il m'a semblé prévoyant, en pensant à ma famille, d'envisager différentes manières de transmettre ma succession. Au cours de ce processus, je décidai que mes affaires se perpétueraient dans le giron familial. Étant donné que mon fils n'était âgé alors que de 15 ans et ma fille de 17 ans — et advenant le cas où je ne serais plus là pour les assister lorsqu'ils seraient plus vieux — une part importante de la planification de ma fortune fut consacrée à mon vibrant désir de leur faire part de quelques-unes des leçons que j'avais chèrement apprises dans le monde des corporations, lesquelles leçons pourraient servir à aplanir davantage leur route dans la vie. C'est dans ce but que je commençai d'aligner quelques mots sur le papier.

Nos écoles et nos universités enseignent les moindres détails d'un large éventail de sujets, mais on n'y fournit à peu près pas d'assistance dans les domaines qui, je crois, sont d'une extrême importance pour les étudiants qui envisagent des carrières dans le monde des affaires. Lorsque je commençai à écrire, il m'apparut de plus en plus évident qu'une énorme somme d'informations apppprises s'évaporait dans la nuit des temps, perdue à jamais, chaque fois qu'une âme quittait cette terre. Il existe et il a existé des gens beaucoup mieux outillés que moi pour

17

écrire sur certains pièges du monde des affaires. Malheureusement, peu ont choisi de le faire.

Selon moi, le bon sens est probablement la meilleure arme pour entrer dans la bataille du monde des affaires. Il est regrettable que le bon sens semble échapper à bien des gens pendant leurs combats, de même que sa sœur, la responsabilité. En fait, ces deux caractéristiques sont les bases mêmes du succès.

Je ne me souviens pas de cette première fois où j'ai montré une quelconque promesse pour le milieu des affaires, mais je me rappelle très bien essayant de franchir les nombreux obstacles auxquels j'étais confronté — aux prises avec les mêmes luttes que doit livrer chaque jeune personne cherchant à s'établir dans ce monde. À l'époque, certaines embûches me donnaient l'impression de tomber en bas d'une très haute montagne; mais heureusement, j'étais capable de l'escalader à nouveau et de recommencer à neuf, même si bien souvent je me retrouvais alors sur un barreau de l'échelle bien plus bas que celui où j'avais perdu pied. Thomas Henry Huxley disait: «On tire un énorme avantage pratique à subir quelques échecs tôt dans la vie». D'accord pour quelques échecs, mais l'astuce est de survivre à ceux-là et de ne pas devenir dépendant de l'échec comme il arrive à plusieurs par manque de direction, de volonté ou de désir d'apprendre les règles de base pour aller de l'avant.

J'écris ces mots avec l'espoir qu'ils aideront à éliminer quelques-uns des nids-de-poule de la vie — ou qu'ils fourniront du moins des moyens de les esquiver, les contourner ou de passer par-dessus. Aux jeunes gens qui entrent dans le monde des affaires — et à certains qui y sont déjà — j'aimerais faire ressortir que l'apprentissage ne cesse pas le jour où vous terminez vos classes. En fait, vos vraies leçons ne font alors que commencer et elles requerront de vous plus d'intensité, d'énergie et d'études que jamais auparavant si vous voulez que le succès frappe à votre porte. (Soit dit en passant, je vous suggérerais de frapper à sa porte en premier et de ne pas attendre que le succès vienne toquer à la vôtre).

Vous trouverez de nombreuses citations dans ce livre — les mots de plusieurs philosophes, poètes, écrivains, chefs de file ou hommes d'État dont les pensées ont été conservées au fil des siècles pour la postérité. L'abondance de ces citations repose sur une raison simple: la plus grande part des angoisses, des joies de la vie, voire le bon sens même, ont été considérés avec attention par des esprits beaucoup plus développés que le mien, et dans plusieurs cas, bon nombre de mes pensées ou de mes points de vue ont déjà été consignés et exprimés de façon beaucoup plus concise que mes capacités mentales ou mes talents d'écrivain ne me le permettent. J'ai donc emprunté librement à ces grands esprits pour renforcer, souligner ou clarifier une bonne partie de ce que j'ai à dire.

Quelque part sur la route de la vie, nous entendons tous dire un jour que le cerveau est loin de se servir au maximum de ses possibilités. Charles Dudley Warner le dit de la façon suivante: «Que nous sommes donc de petites personnes insignifiantes en comparaison avec ce que nous pourrions être!» Je souscris d'un même cœur à la théorie de monsieur Warner — et je suis chagriné du gaspillage provoqué par notre négligence et qui rejaillit sur nous simplement parce que nous n'apprenons pas comment utiliser davantage le pouvoir de notre cerveau.

Il va sans dire que le dur labeur est essentiel à la poursuite du succès. Cependant, il est encore plus important de bien canaliser ses efforts sur la route de la réussite. J'ai vu bien des gens peiner pendant de longues heures ardues, ne récoltant qu'un bien mince succès. Pourquoi? Parce qu'ils ont été incapables d'appliquer le simple bon sens dans l'exploitation d'un plan directionnel efficace et de méthodes éprouvées pour y parvenir.

Le succès requiert l'établissement d'objectifs dans votre propre vie. Établissez-les pour vous-même, puis, dressez soigneusement le plan des routes qui vous mèneront directement à ces objectifs. Planifiez votre carrière dans un domaine qui correspond à votre réalité. Vous n'êtes peut-être pas fait pour souhaiter devenir président — mais ne sommes-nous pas tous capables, à coup sûr, de faire beaucoup plus de notre vivant que ce que la société semble nous demander ou exiger de nous? Je le crois sincèrement.

Ce livre a été écrit au genre masculin; d'un père à son fils. Toutefois, mes mots s'offrent à tous ceux et celles qui s'intéressent aux affaires — avec l'espoir bien senti qu'ils se révèleront utiles. J'ai écrit ce livre, au singulier, pour mon fils, car à l'époque de sa rédaction les intérêts et les intentions d'avenir de ma fille se concentraient à l'extérieur du monde des affaires. Depuis ce temps, elle a changé d'idée et d'orientation de carrière, et si je commençais à écrire ces lettres aujourd'hui, elles seraient adressées avec le même amour, le même enthousiasme tout autant à ma fille qu'à mon fils.

Pour mon plus grand plaisir, ma fille a récemment décidé d'entrer dans le monde des affaires. De nos jours, notre société occidentale va continuellement de l'avant dans sa quête de connaissances et dans leur application pour chaque facette de notre existence. Je suis ravi de constater que dans le processus de cette quête, la société a commencé à se rendre compte que les femmes constituent non seulement 50 % de la population mondiale, mais qu'elles représentent également 50 % des aspirations et des capacités humaines de ce monde.

Les femmes participent de plus en plus aux affaires à un niveau supérieur et leur contribution est riche de perspectives vitales qui, malheureusement, au détriment de la société, ont été méconnues ou ignorées par le passé.

C'est donc avec un fervent enthousiasme que mon épouse et moi nous nous conformons au désir et au choix de notre fille d'entrer dans le milieu des affaires, et nous suivrons avec beaucoup d'intérêt, de fierté et de joie, ses progrès et ceux de notre fils dans ce domaine.

Osez rêver, osez essayer, osez échouer, osez réussir.

Les lettres

Le défi

Le fils s'est vu offrir la possibilité de s'inscrire à une école privée particulièrement renommée pour ses normes élevées au niveau de la discipline, de l'apprentissage et de l'esprit général qui y règne. Il en devient accablé, doutant sérieusement être capable de relever ce défi. Le père cherche à le conseiller et non pas à le «forcer» à prendre une décision affirmative.

Cher fils,

Je sais que tu viens de recevoir une lettre t'annonçant que tu es accepté comme élève à St. Andrew pour l'automne. Il est quelque peu surprenant pour moi d'apprendre que tu n'es pas trop pressé de t'associer à cette excellente et exceptionnelle école.

J'oserais dire que plusieurs autres jeunes hommes sauteraient sur l'occasion de joindre ce collège d'élite, et il est malheureux de constater que la grande majorité de ces jeunes ne fréquenteront jamais ce collège, par manque d'argent, pour des raisons de distance et d'éloignement, ou à cause d'un dossier scolaire inadéquat. Heureusement, aucun de ces empêchements ne s'applique à ton cas — et avec tous les atouts que tu possèdes, je suis quelque peu ébranlé, perplexe et passablement préoccupé par ton attitude négative face à cette chance qui se présente à toi.

Ce n'est pas le rôle d'un père de pousser son fils dans des directions où il ne voudra pas investir son cœur; beaucoup trop de fils ont eu à subir ce genre d'interférence de la part de leur père. Je voudrais seulement te faire remarquer une simple chose: nous ne sommes sur terre qu'une seule fois — essaie donc d'en tirer le meilleur parti!

Plusieurs des personnes que je connais me disent à 35, 45 ou 55 ans: «J'ai réellement manqué le bateau dans la vie». Environ 90 % d'entre elles se donnent des excuses justifiant ainsi pourquoi la vraie vie leur a échappé et pourquoi elles n'ont jamais rien accompli; l'autre 10 % d'entre elles admettent honnêtement qu'elles n'ont tout simplement pas accepté les défis que la vie a placés sur leur route lorsqu'elles étaient plus jeunes. Je suis peiné pour ces personnes, car dans bien des cas, elles avaient probablement tous les atouts de leur côté lorsqu'on leur a un jour jeté le gant — il ne leur manquait que le courage pour le ramasser.

Plusieurs personnes se refusent à sortir des rangs et à accepter de faire face à de nouvelles perspectives d'avenir, car cela suppose des changements dans leur emploi du temps, dans leur mode de vie et dans leurs habitudes. La chose la plus difficile que j'ai accomplie fut de quitter ma petite ville pour m'en aller 1600 kilomètres plus loin dans une grande cité où je ne connaissais personne. Mais c'était là, pour moi, la seule voie du succès, et autant j'ai pu détester cette expérience — car ce fut une voie terriblement solitaire — j'avais toujours cet objectif en tête; l'objectif que je m'étais moi-même fixé, *pour* moi-même, et j'ai persisté à du moins essayer de l'atteindre. Le fait d'accepter ce défi changea toute ma vie.

Le défi auquel tu fais face actuellement — aborder cette nouvelle école — est un carrefour dans ta vie, et si tu ne peux même pas essayer de prendre appui sur cette nouvelle route qui, statistiquement parlant, est l'une des voies les plus sûres vers la réussite, pour la simple raison qu'elle risque de trop exiger de toi, c'est que déjà — à un âge très jeune — tu es entré dans un schème de pensées qui dans 20 ou 30 ans t'amènera à dire: «La vie est passée sans me voir».

> «Il existe une marée dans les affaires humaines,
> Si on la prend lorsqu'elle est montante,
> Elle mène à la fortune;
> Si on omet alors de la prendre,
> Tout le voyage de notre vie
> Est voué à la misère et aux bas-fonds.»

William Shakespeare
Jules César

Examinons ensemble ce défi. Si tu décides d'essayer de le relever, quel mal peut-il en résulter pour toi? Personne ne va te couper la main, te mettre en prison ou t'enlever ta motocyclette si tu ne réussis pas. Au contraire, s'il t'arrivait d'échouer, je te souhaiterais la bienvenue dans le club, car cela m'est arrivé très souvent dans le monde des affaires — au point que maintenant je ne m'attarde plus jamais en pensée sur un échec. Hier appartient aux rêveurs. Je suis trop occupé à penser aux batailles d'aujourd'hui.

L'échec est une chose à la fois triste et bizarre. Nous nous inquiétons tellement de le voir surgir sur notre route que nous cultivons des ulcères, des dépressions nerveuses, des tics, des rougeurs ou des crises d'angoisse. Pourtant, aussi étrange que cela puisse paraître, lorsque le sombre jour du mauvais sort se présente, nous trouvons qu'il n'a pas aussi piteuse allure que nous l'avions imaginé; pour une quelconque raison, notre esprit a tendance à faire du temps supplémentaire lorsqu'il est question d'imaginer des désastres possibles qui, très souvent, ne correspondent pas du tout à la réalité.

Selon ton évaluation de cette nouvelle école, on s'y attend à ce que tous les étudiants décrochent des «A», qu'ils mesurent tous 1,93 m, qu'ils soient tous des athlètes de 110 kg — et par surcroît qu'ils mettent tous à exécution des projets dynamiques dans un temps record et de manière enviable.

Laisse-moi te dire qu'il n'en est pas ainsi, je vais te l'expliquer simplement: le pourcentage d'étudiants exceptionnels dans cette école n'est pas plus élevé que celui de ton école actuelle; la seule différence est que le groupe d'élèves s'efforce plus, et ainsi, accomplit davantage. Toi, comme la plupart de tous les mortels que nous sommes sur cette terre, tu te classes dans la moyenne en ce qui a trait à l'intelligence, les capacités ou les autres talents que tu possèdes — et crois-moi, ce n'est pas rien. Cependant, lorsque tu fais partie d'une école ou d'un groupe de ce calibre, tes efforts et ta méthode de travail montent automatiquement d'un cran, et cela est difficilement perceptible, car tu fais corps avec cette marée montante.

Je sais que tu ne connais pas la signification de l'expression «processus d'osmose», je vais donc te la définir simplement. Cela signifie que si quelqu'un s'immerge totalement dans une facette particulière de la vie, il ne peut pas faire autrement que d'absorber cette facette. Si tu t'immerges dans un groupe d'étudiants de haut calibre, il en résultera un plus haut taux de succès pour toi, car te connaissant, je sais que tu n'es pas du genre à t'asseoir sur tes lauriers et à regarder le monde défiler devant toi. Tu sembles plutôt vouloir aller au-devant des choses et de la foule. C'est du moins l'impression que j'ai de toi à venir jusqu'à ce jour.

Le défi est abordé de différentes façons par diverses personnes. Certaines personnes ont tellement peur de la vie qu'elles n'accomplissent pas davantage qu'une vache dans un pâturage; d'autres se nourrissent de défis et en recherchent constamment de nouveaux. Entre ces deux extrêmes, se situe le dénominateur commun appelé le bon sens qui peut différencier les défis qui mènent nulle part de ceux qui mènent quelque part.

Après un certain temps, tu finis par apprendre que le défi fait partie intégrante de ta vie — et tu apprends à l'accepter sans sourciller, sachant que tu gagneras la plupart du temps, que tu perdras quelquefois, mais que tu deviendras un homme meilleur d'une façon ou de l'autre, à force d'essayer.

Et comme le disait Gabriel Biel en 1495: «Nul ne conquiert sans périls».

Mais quelle que soit ta manière d'accepter ou non ce que je t'écris actuellement ou ta façon de réagir à n'importe quel défi dans ta vie, je demeurerai toujours,

Très fidèlement...

Ton père qui t'aime

L'éducation

Le fils a maintenant 18 ans et il pense à son avenir dans ce monde. Il caresse l'idée de participer un jour au monde des affaires. Les questions sont les suivantes: «Comment me préparer pour une telle carrière? De quelle éducation ou instruction ai-je besoin?»

Cher fils,

La plupart des gens pensent que l'éducation ne dépend que de l'école. Eh bien, c'est en fait un bon endroit pour commencer son éducation. Dans ton cas, ton école secondaire possède un dossier particulièrement bon pour ce qui est de former d'excellents étudiants et je pense qu'une des raisons du succès d'une telle institution est l'accent mis sur la discipline. Bien sûr, bien des femmes et des hommes talentueux réussissent sans même fréquenter ce type d'école — mais la raison principale de leur réussite demeure la même: la discipline. Dans leur cas, il s'agit principalement d'autodiscipline. Voilà l'ingrédient clé qui fait que certains réussissent et que d'autres échouent. Mais une bonne école et un bon échantillonnage de gens avec qui en profiter est au départ un avantage certain. Si on allie ces forces extérieures quelque peu incontrôlables à certaines bonnes caractéristiques intérieures chez un individu, il devient très difficile de faire redoubler une classe à un étudiant vraiment déterminé. Dans le cadre de ta scolarité formelle, il est important pour toi d'amener un élément de curiosité dans ta salle de classe. Le désir d'apprendre fait de l'acte d'étudier et d'accumuler des connaissances un vrai délice. Beaucoup trop de tes confrères étudiants sont trop occupés à se plaindre des professeurs et du système en général pour vraiment se concentrer sur leurs études qui sont, après tout, leur raison première de se trouver à l'école. Le système n'a pas changé depuis que j'ai terminé mes études, voilà 30 ans, et il ne changera probablement pas beaucoup dans les 30 prochaines années. Ainsi donc, au lieu de s'en plaindre, pourquoi ne pas essayer de trouver le moyen de battre «le système» à son propre jeu?

J'applaudis à ton désir d'entrer dans le monde des affaires. Pour un jeune homme, cela peut sembler bien rose: les voyages, les repas dans les meilleurs restaurants, les grosses automobiles luxueuses. J'imagine que ton affection pour le dollar est à la hausse. Eh bien, c'est une belle vie, si — et c'est un «si» majuscule — tu y trouves ta propre voie à toi, car le monde des affaires est très vaste et très complexe. C'est aussi un monde rempli de faillites et de gens qui meurent jeunes à cause du stress. Pour te préparer le mieux possible à éviter ces dangers et les nombreux autres pièges que le milieu des affaires nous tend chaque jour, établis dès à présent les grandes lignes de ta formation des 10 prochaines années.

Dans le choix de tes cours, ne sois pas trop empressé de ne sélectionner que ceux qui sont reliés au monde des affaires. Une personne qui possède des connaissances générales à propos de notre monde est aussi précieuse que rare. Il existe un choix de nombreux sujets qui t'apporteront une perspective plus large de notre monde et qui feront de toi, un jour, un meilleur homme d'affaires: les sciences politiques, l'histoire, la géologie, l'astronomie — pour n'en nommer que quelques-uns.

Selon l'écrivain anglais, John Dryden, tout dans ce monde sert à quelque chose, et j'y crois également de tout cœur. Je te conseillerais de choisir chaque année un nouveau sujet qui élargira tes vues et qui te donnera un aperçu nouveau et différent sur la vie. Tu ne peux jamais savoir exactement dans quel domaine de l'industrie tu finiras éventuellement par t'impliquer ou à quel point la plus petite connaissance peut prendre de la valeur lorsque tu es confronté aux méandres et aux champs minés du monde des affaires.

L'éducation universitaire est conçue pour élargir ton intelligence, t'habituer à travailler fort, t'enseigner à bien organiser tes heures et tes journées, te faire rencontrer beaucoup de gens, pratiquer des sports, courir les filles, boire de la bière et jouir de la vie. (Ne mets pas trop l'accent sur les trois derniers «sujets» vu que, d'une façon ou d'une autre, ces activités ont déjà plus que leur part des jours et des nuits de plusieurs étudiants, sans entraîner pour autant une grande dépense d'efforts ou de dur labeur).

À l'université, tu peux également atteindre la formule du succès de Francis Bacon. Ce dernier écrivait ce qui suit: «La lecture complète l'homme; la conférence en fait un homme prêt; et l'écriture fait de lui un homme précis.» C'est là une combinaison de talents, un trio infaillible pour celui qui vise le sommet! Le jour où tu peux quitter l'université en te sentant cultivé, sachant que tu peux écrire convenablement et que tu possèdes une bonne connaissance des gens, tu es alors prêt à entrer dans le vrai monde. C'est une formule que j'ai personnellement essayé de suivre et d'utiliser pour ajouter à ma vie, et je m'empresse de souligner, qu'à aucun moment de ma trajectoire je n'ai pu croire *qu'il n'y avait pas d'autres choses à apprendre*. On peut toujours apprendre, même en vieillissant.

Tu as 18 ans, il est impératif qu'à ton âge tu aies une *vision* claire de ce que tu voudrais faire dans 10 ans. Cette période entre 20 et 30 ans est la plus cruciale de toutes les périodes d'apprentissage. Si tu ne vas pas chercher la scolarité requise pour le futur travail que tu désires accomplir au cours de ces prochaines années, il est plus que probable que tu ne réussiras pas à effectuer ce travail. Vers 30 ans, ta vie devient intimement liée à une épouse, à des enfants, à une hypothèque, à un emploi — avec bien peu de temps précieux à consacrer à l'étude d'une carrière. Certains disent même qu'à cet âge, le cerveau n'absorbe pas aussi efficacement les informations qu'à un plus jeune âge.

Ton but dans la vie pour ta trentaine pourrait être qualifié aujourd'hui de rêve ou de fantaisie. Néanmoins, tu te dois, pour l'instant, de le garder bien présent dans ton esprit pour te *motiver* et te *stimuler*. Sans un but vers lequel tendre, il est presque impossible de soutenir de longues heures d'études. Il faut que chaque jour ton objectif soit omniprésent dans ta tête et ce n'est que de cette façon que tu passeras à travers les moments pénibles: un travail ardu, l'échec d'un examen, une note faible pour une épreuve écrite, un professeur ennuyeux, un cours obligatoire difficile.

Une fois que ton objectif est choisi, tu te dois, avec obstination, de chercher à en savoir le plus long possible sur celui-ci. Bien des gens disent: «Je pense que je vais devenir un avocat», sans même soupçonner ce qu'un avocat peut accomplir au jour le jour, ni se douter de l'apprentissage des nombreuses facettes de la loi que cela suppose. Il est beaucoup plus sensé de *parler* premièrement à quelqu'un qui fait partie de la profession, mais à un individu possédant une perspective *équilibrée* de la vie;

il ne sert à rien de parler à une personne tellement prise par sa carrière d'avocat qu'elle considère la loi comme le seul sujet qui existe au monde ou de parler à quelqu'un qui déteste le travail qu'il a choisi. Un bon avocat te conseillera un programme d'études à suivre et, qui plus est, il te dira à quoi *t'attendre* lorsque tu parviendras à la ligne d'arrivée et que tu commenceras à exercer le droit.

Le fait de négliger de tels préliminaires peut non seulement occasionner facilement la perte d'un temps précieux, mais il se peut bien que cela te mène à une vie entière, prisonnier d'une profession loin d'être aussi agréable que tu l'aurais souhaitée, par contraste avec une autre profession que tu *aurais pu* exercer si tu avais pris le temps et la peine de choisir avec plus de circonspection, dès le départ.

Après avoir passé en revue les différentes carrières et professions et avoir fixé ton choix sur l'une d'entre elles: avocat, expert-comptable, cadre supérieur de commercialisation, ou n'importe quelle autre carrière, essaie d'obtenir, pendant tes études, un emploi d'été dans le domaine que *tu auras choisi*. Tu ne pourras pas faire autrement pendant cette période de ta vie que d'être plongé profondément dans tes livres, mais en même temps, tu ne devrais pas perdre de vue le fait suivant: c'est quand même *l'exécution pratique* de ton futur travail qui déterminera la mesure de ton succès dans la profession que tu auras choisie. Il te faudra donc user de toutes les influences dont tu disposes pour t'aider à trouver un emploi d'été dans le même domaine que ton choix de carrière. Thomas Huxley disait: «Le grand but de la vie n'est pas la connaissance, mais l'action». J'ajouterais ce qui suit: «l'action telle que dictée par *l'utilisation* de la connaissance».

Au cours de mes étés, j'ai travaillé dans les bureaux de la comptabilité d'une usine de papeterie de ma localité. Ce fut une excellente expérience. Cependant, j'aimerais que tu prennes bonne note de l'épisode suivant que j'ai vécu pendant cette période de ma vie. Un certain été, je ne pus obtenir de travail en comptabilité et je me retrouvai à travailler dans l'emploi le plus dur physiquement et le plus salissant de toute l'usine; huit heures par jour, six jours par semaine, par roulement. Cela m'a laissé avec deux impressions majeures: la somme de travail que certains hommes ont à accomplir pendant toute leur vie active, et les dures conditions de travail dans lesquelles ils doivent consacrer une si grande portion de leur vie. Je me suis donc assuré de ne plus jamais être l'un de ceux-là. Ne *gaspille* pas le temps dont tu disposes loin de tes livres. Planifie pour plus tard et utilise ton temps pour acquérir de l'expérience d'emploi dans le domaine que tu choisiras. À ton âge, presque tout est une nouvelle expérience. Il est préférable que tu l'apprennes plus tôt que trop tard.

Lorsque tu prends une bière ou deux avec des amis, je sais que la conversation s'arrête parfois sur la possibilité de s'accorder une année de congé, sans étudier, pour *voir le monde*. Ces occasions coïncident habituellement avec le fait que tes études sont alors dans une période plus difficile ou plus concentrée, ou juste avant qu'un mauvais bulletin scolaire n'atterrisse sur mon bureau. Je suis persuadé qu'il n'existe pas aujourd'hui de façon plus valable ou plus nouvelle de parler de ces choses qu'à mon époque de collège. Il est probable que, de nos jours, un aussi large pourcentage d'étudiants qu'auparavant se convainquent eux-mêmes, pour les mêmes raisons, du côté éducationnel que l'on peut trouver dans le fait de voyager à travers le monde avec un sac à dos et sans argent.

Mon opinion personnelle est que la plupart des étudiants qui envisagent de telles excursions sont tout simplement trop paresseux pour étudier davantage et ont besoin d'une porte de sortie; ils cèdent à la croyance qu'ils ne peuvent que bénéficier d'une telle «balade éducationnelle», et les voilà aussitôt partis pour voir le monde. Le plus triste dans tout cela, et les statistiques le prouvent, il n'y a qu'un oiseau rare pour retourner ensuite au sacro-saint temple du savoir.

Si tu sens que *tu* as besoin de faire un voyage avec ton sac à dos à travers l'Europe, je te suggère d'utiliser cette période où tu ne vas pas à l'école, du 1er mai au 1er septembre; tu aurais amplement le temps d'aller quérir ce genre d'éducation. Et si tu entretiens *sérieusement* des pensées dans ce sens, je suis prêt à conclure un marché avec toi: prends toute une année et voyage sans argent — ou pars au mois de mai à mes frais. Tu diras peut-être que c'est de la corruption. C'est bien possible, mais je te l'offre sans me laisser intimider, car je sais combien il est difficile, une fois que le cerveau a eu trop longuement congé, de le remettre d'attaque pour étudier quatre ou cinq heures par jour. De plus, je déteste voir abandonner une maison à moitié construite.

En supposant que ton cours à l'université parvienne à une heureuse conclusion, avec l'aide et les conseils de gens expérimentés dans la profession que tu auras choisie, tes cinq ou six prochaines années devront être consacrées à plus d'études et à acquérir davantage d'expériences. En tant qu'expert-comptable ayant parti pris, je considère, bien évidemment, ma profession comme un excellent terrain d'exercices pour quelqu'un qui se prépare à entrer dans le monde des affaires. Une maîtrise en administration des affaires (M.B.A.) et plusieurs années d'expérience dans un emploi de marketing sont également de bons choix.

Avec l'aide d'un excellent directeur d'études et de beaucoup de dur labeur de ta part, tu devrais pouvoir progresser rapidement et te rendre jusqu'au sommet. Un directeur d'études médiocre pourrait te faire dériver et t'amener à faire bien des détours sur ta route. Si cela se produisait, il te faudrait vraisemblablement quelques années de plus pour te remettre à nouveau sur ta trajectoire. Mais d'une façon ou d'une autre, souviens-toi que si tu ne travailles pas *très fort*, tu devras mettre à jour ton curriculum vitæ et faire parvenir quelques demandes pour un nouvel emploi. Ne prends pas la peine de m'en envoyer une; je déteste expédier un refus d'offre de service. Vers l'âge de 30 ans, si tu es encore intéressé à diriger les entreprises familiales, j'accepterai alors avec joie ta demande d'emploi.

S'il arrivait que tu te joignes à nos compagnies à cet âge-là, il te faudra entre 5 ou 10 ans d'apprentissage pour devenir un dirigeant expérimenté. Toutefois, tu n'auras pas à bûcher sur des examens, ni à redouter le prochain bulletin scolaire: seul le bilan mensuel des profits et pertes t'informera si tu as passé la rampe ou échoué dans le vrai monde. Cela te prendra au moins 5 ans pour bien connaître le genre d'affaires que nous menons: nos clients, nos fournisseurs, nos employés, le personnel de direction, la façon de coordonner les forces externes (à propos desquelles tu ne peux pas grand-chose), et la coordination des forces internes (à propos desquelles il t'est possible d'agir). Ce n'est qu'à ce moment que tu pourras te tenir prêt à profiter des automobiles luxueuses, des voyages, et de ces restaurants chics et chers.

Les affaires sont comme un vase fragile, lorsque le vase est tout d'une pièce, il est beau à regarder, mais une fois brisé, il est terriblement difficile de remettre les morceaux en place et de lui redonner sa forme originale. Il en va ainsi dans les mots de Sam Butler:

«*Regarde devant toi avant que tu ne tombes;*
Car tu récolteras ce que tu sèmeras.»

Respectueusement,

Le professeur

À propos du succès

*Le fils voit son père comme un grand gagnant dans la vie,
un homme dont il ne se sentira jamais capable de suivre les
pas. À ses yeux, le père est tellement astucieux, confiant et
sage; un exemple très difficile à suivre, des souliers gargan-
tuesques à remplir. C'est du moins son impression.*

Cher fils,

J'ai récemment entendu un professeur exposer les
épreuves et les embûches qu'ont à affronter les fils de
pères qui ont réussi; les tribulations que l'on rencontre à
grandir dans l'imposant sillage de quelqu'un qui a accompli de grandes réalisations. Il déclara que c'était là
l'un des ajustements les plus difficiles pour un jeune
homme, car ce dernier ne croit jamais qu'il peut être aussi
doué que son père. Il appert que certains garçons n'essaient même pas d'y arriver. Ils abandonnent avant même
d'avoir *commencé* à exploiter leurs propres ressources et
aptitudes. Il est triste d'entendre de telles choses.

Il m'est venu à l'idée que tu entretenais peut-être toi
aussi certaines pensées de cette nature, et juste au cas où,
et avant qu'elles n'envahissent ton esprit et te servent
d'excuse pour reculer dans la vie, laisse-moi te raconter
certaines choses qui me sont arrivées en cours de route.

À l'école secondaire, j'avais une moyenne de 60 % en neuvième année, de 65 % en dixième, et de 75 % en onzième. Puis, je me retrouvai à l'université, mais comme tu peux le constater, ce n'est pas parce que j'étais particulièrement doué, c'était simplement attribuable au système scolaire de ma région. Je passai au travers de mes deux premières années universitaires en me classant très modestement malgré beaucoup de temps consacré à mes études. Et j'ai travaillé, je puis te l'assurer, car rien n'entrait facilement dans ma «caboche».

Puis, j'ai échoué les premiers examens de mon cours d'expert-comptable. Je n'arrivais pas à y croire. J'étais accablé. Après six ans d'université, je me voyais fini, complètement lessivé. Il va sans dire que j'ai ressenti un grand soulagement lorsqu'on me permit de repasser mes examens l'année suivante.

Ayant évalué entre-temps la raison de mon premier échec, je m'assurai que cela ne se reproduirait pas. Et ce fut le cas. Ce ne fut pas bien compliqué de savoir pourquoi j'avais échoué la première fois: je n'avais pas travaillé suffisamment fort. J'ai toujours travaillé très fort depuis.

L'habitude du travail ou de l'étude ne vient pas facilement. Cela exige un désir naturel d'apprendre et la pratique de l'art de la concentration, mais par-dessus tout, cela requiert une *disposition pour le dur labeur*. Toutes ces attitudes positives et productives peuvent être facilement accomplies par 90 % de la population. Bien peu de gens y parviennent.

Si tu penses que toutes mes tentatives ont toujours été couronnées de succès, c'est que tu ignores certains détails concernant une grande partie de ma vie. Les gens qui réussissent semblent suivre une route de succès continuels. Ce qui n'est pas apparent, c'est la persévérance que ça prend à la suite de chaque *défaite* pour rester *sur* cette route. Je ne connais personne qui ait expérimenté une série de succès, sans défaites, échecs, déceptions et frustrations en abondance le long du chemin. Apprendre à surmonter ces instants-là d'agonie est ce qui différencie les gagnants des perdants. Combien de fois ai-je parlé de ces gens qui ont tellement peur de l'échec qu'ils n'entrent même jamais dans la course?

Chaque échec nous enseigne quelque chose — et certains échecs plus que d'autres. Le fait d'échouer ma première série d'examens d'expert-comptable est resté gravé en moi depuis 25 ans. Quelle leçon en ai-je tiré? Il vaudrait bien mieux que tu travailles fort, car dans le cas contraire, tu ne réussiras pas. Avec un maximum d'efforts, la plupart des choses rentrent dans l'ordre, mais la course n'est pas nécessairement gagnée par le plus rapide; elle est remportée par des gens qui *apprennent* à partir de courses passées et qui mettent à profit ces leçons.

Souviens-toi que les gens ont tendance à regarder ceux qui réussissent tels qu'ils apparaissent *maintenant*. Ils oublient les nombreuses années de dur labeur, les échecs, les frustrations et les problèmes qu'il a fallu affronter et vaincre tout le long de la route.

Lorsque quelqu'un a un objectif en vue, il essaie constamment d'atteindre un niveau plus élevé de réussite. Ces objectifs que tu te fixes pour toi-même sont donc d'une importance vitale.

Ainsi donc, la prochaine fois que tu te sentiras enclin à regarder papa et à penser que ses bottes sont trop grandes pour que tu puisses un jour les chausser, souviens-toi aussi que tu es très avantagé dès le départ par rapport à moi. Quels sont ces avantages? Ton travail scolaire qui, jusqu'à ce jour, a atteint un bien plus haut niveau de réalisation que le mien à la même étape de nos vies. Un autre avantage est ton exposition à la vraie vie; à ton âge, je n'avais à peu près jamais quitté ma petite ville natale et je ne connaissais rien des grandes cités et de leur complexité. Tes parents constituent un avantage supplémentaire: ta mère et moi pouvons te guider vers quelques bonnes portes de la vie. Ma mère et mon père avaient 65 ans lorsque j'avais ton âge, et aussi chers, aimants et merveilleux qu'ils pouvaient être, ils ne connaissaient rien des affaires et de l'environnement social dans lequel nous vivons.

À l'école secondaire, tu as décroché l'honneur d'être choisi parmi les élèves chargés de la discipline. Tu étais le capitaine de la seconde équipe de basket-ball. En dépit de trois chirurgies du genou, tu as joué au football pendant trois ans. Tu étais à la tête du peloton de préparation militaire de ton école. Tes qualités de meneur sont toutes là, bien en évidence.

Considère que tu as déjà accompli bien plus que ce que j'avais réalisé à ton étape actuelle. Pourquoi en serait-il autrement dans l'avenir?

Le sens moral, le cran, le dur labeur et le sens des responsabilités sont des choix quotidiens qu'il te faut faire dans le cours de tes événements journaliers. Ta force morale se mesure à la façon que tu choisis de te conduire dans la société; ta performance sur un terrain de football ou de basket-ball illustre le type de disposition d'esprit que tu possèdes; la somme, la qualité de temps et de concentration que tu consacres à tes études établissent ton assiduité ou ton manque d'application. Porte ton attention sur chaque action que tu exécutes dans ta vie quotidienne et demande-toi: «Est-ce cela être responsable?» Car au bout du compte, plus tu es *responsable* et plus tu as du *succès*.

Jusqu'à ce jour, tu as à ton actif de nombreuses réalisations: le parfait attirail du jeune homme qui réussit et qui est décidément en pleine ascension. Penses-y bien. Tu n'as qu'à terminer ce que tu as déjà si bien commencé; tu n'as qu'à continuer cette série de succès et leur donner

une suite. Le paternel? Imbattable? Tu parles! Avant longtemps, tu en auras fait le tour bien des fois.

Sincèrement,

*Ton meneur de ban
numéro 1*

Conserver la vitesse acquise

Le fils a reçu un mauvais bulletin lors des examens du premier trimestre de sa deuxième année universitaire en comparaison avec son très respectable «B+» de la première année. Son père lui a préparé une lettre avec l'espoir de l'aider à renverser cette tendance.

Cher fils,

Ton bulletin du milieu du trimestre vient tout juste d'arriver et j'ai constaté qu'il s'y trouvait certaines lettres d'aspect étrange telles que «D»,«D-» et «C-». Je n'avais pas vu ces lettres auparavant, j'ai donc demandé à un ami de m'en fournir la signification. Suite à la réponse qu'il m'a donné, j'ai soupçonné que ce grand sourire de contentement de soi qui nous avait presque tous éblouis lors des résultats de ta première année s'était quelque peu mis en veilleuse depuis le présent bulletin. Cependant, je présume qu'il y a eu suffisamment de sourires et de jovialité lors de ton premier trimestre pour t'aider à te soutenir pour un certain temps. Je l'espère pour toi. Ou n'as-tu pas trop laissé passer tes moments de loisir à dormir?

Tu as probablement remarqué que de pousser une automobile dans une côte ascendante est une tâche ardue.

Même si tu peux t'arrêter pour te reposer, il te faut *terminer* ta besogne sinon ton auto risque de se retrouver à nouveau tout au bas de la côte. Il te faudra alors tout recommencer. Il en est ainsi pour le travail et pour l'étude. Peu importe combien tu as travaillé fort hier, si tu ne continues pas à réduire petit à petit le travail qu'il te reste à faire, tu es *en perte de vitesse*. Lorsque la vitesse acquise n'est plus là, l'érosion de tous tes efforts passés commencent à survenir car tu n'es plus dans la voie de celui qui *termine* la besogne coûte que coûte. Dans ton cas, ta besogne est de compléter ton cours universitaire.

Même si cela date de plusieurs années, je me souviens de certains garcons très brillants lors de ma première année universitaire.

Comme je les enviais! Leurs hautes notes semblaient très faciles pour eux à atteindre, alors que j'avais à travailler comme un forçat pour n'obtenir qu'un minable «B-». Mais la seconde année fut une tout autre histoire. J'appris que certains de ces brillants jeunes hommes se laissaient remorquer par la vitesse déjà acquise à l'école secondaire au prix d'un dur labeur. Malgré cela, à la fin de l'année, je fus quand même très étonné d'apprendre que notre classe avait perdu 35 % de son effectif. Certains avaient été recalés, d'autres avaient tout simplement abandonné ou avaient changé pour des cours plus faciles. Plusieurs parmi eux étaient justement ces brillants confrères avec lesquels j'avais commencé le cours. Ils avaient laissé filer cette formidable force d'impulsion acquise pendant leur cours secondaire.

Vois-tu, étant donné qu'ils avaient eu une première année facile et indolente, ils croyaient qu'il en serait de même pour la seconde année, du vrai gâteau. Lorsque certains d'entre eux comprirent ce qui leur arrivait, il était déjà trop tard. Ils n'étaient déjà plus capables de discipliner suffisamment leur esprit pour adopter la concentration requise qui les aurait remis sur la voie du travail. En d'autres mots, ils ne pouvaient pas renverser la force d'impulsion maintenant descendante.

Quand tu auras vécu quelques années de plus, tu constateras que la vie est une bataille continuelle; aussitôt qu'un projet est accompli, un autre surgit. Si tu n'as pas pris la cadence, si tu n'es pas prêt à endosser de nouveaux efforts, ton taux d'échec dans la vie sera élevé. C'est ce qui distingue ceux qui réussissent de ceux qui ne connaissent jamais le succès.

À ce moment-ci, rien ne me permet de penser que tu as profité d'une force d'impulsion déjà acquise pour réussir ta première année. Cependant, ce que je perçois *vraiment*, c'est que tu as oublié que la vie, à certaines étapes, c'est comme de pagayer en canoë sur les rivières que nous avons sillonnées. Si tu arrêtes de ramer lorsque tu es en amont, le courant t'amènera en un rien de temps en aval de la rivière. Les mêmes courants se retrouvent dans la vie, et si tu souhaites te reposer sur tes avirons ou tes pagaies, ne le fais pas en plein milieu d'un fort courant tel que ta seconde année universitaire. Souviens-toi, les pauses que tu t'accordes sur la rivière doivent être choisies avec soin, de manière à éviter les courants. Il en est de même en ce qui concerne les pauses que tu t'octroies pendant tes études.

Il me semble que sept mois par année d'honnêtes efforts n'est pas trop demandé à qui que ce soit. Si cela est trop exigeant pour toi, et si tu n'obtiens qu'une moyenne de «D-» pour ton baccalauréat à l'université, prépare-toi à un rude choc lorsque tu viendras postuler un emploi à notre compagnie. Nous exigeons 11 mois d'efforts soutenus et nous n'acceptons que les «A» dans tous nos départements.

Bien sûr, la loi de l'assurance-chômage accorde de l'argent pour la durée de ta période annuelle de cinq mois de congé, mais je n'ai jamais rencontré quelqu'un de *ton* calibre qui ait accepté de toucher ce genre de paye de vacances et qui s'en satisfasse bien longtemps.

Souviens-toi, si tu souhaites devenir un futur grand dirigeant du monde des affaires, il est impossible de voler comme un aigle avec les ailes d'un roitelet. Il te reste maintenant quatre mois pour réactiver ta force d'impulsion et la ramener à sa performance première.

Affectueusement,

L'autre canoéiste

P.S.: Il me semble qu'une évaluation sévère d'une bonne partie de ces confrères avec qui tu as passé tes moments de loisir lors du premier trimestre serait bénéfique. Certains défauts de caractère parmi ce groupe risquent de se révéler qui, je l'espère, ne sont pas contagieux.

Je suggérerais qu'une telle évaluation soit faite *ce* trimestre-ci, car je doute fortement que plusieurs de tes amis ne reviennent l'an prochain. Je pense également qu'il serait plus prudent que tu choisisses quelques *nouveaux* amis qui, eux, reviendront. De toute façon, ce seront de meilleurs amis à long terme.

Premiers jours dans le vrai monde

Le jour tant attendu pour le fils de se joindre aux entre-prises de son père est finalement arrivé. Certaines vives inquiétudes ont surgi à son entrée dans le vrai monde des affaires. Le père prodigue quelques paroles d'encourage-ment à cette nouvelle recrue.

Cher fils,

Aujourd'hui est un grand jour dans ta vie. Ayant complété 20 années de scolarité, le temps est venu pour toi d'entrer dans le vrai monde du travail. Bien des gens n'aiment pas le mot «*travail*», car cela évoque immédiate-ment pour eux des images telles que de se lever le matin, la répétition de gestes routiniers, très peu de temps pour les loisirs, des maux de tête, des maux de dos et autres désagréments semblables. D'autres sont tout à fait an-xieux de tenter leur chance à la roue de fortune et ne peuvent pas attendre plus longtemps de se mettre à l'œu-vre. Je préfère croire que tu fais partie de ce dernier groupe.

Maintenant que l'éducation scolaire a modelé ton esprit, il est temps désormais de mettre en application ces années d'efforts pour apprendre à gagner ta vie et à occuper ton propre espace dans ce monde fou qui est le nôtre. Tu possèdes déjà un avantage majeur dans ce sens, car tu *sais* ce que tu veux faire: être un homme d'affaires, et un excellent. Je suis désolé pour tous ces jeunes gens qui ne semblent pas pouvoir fixer leur choix sur ce qu'ils voudraient faire pour gagner leur vie — je suis d'autant plus attristé pour ceux qui *savent* ce qu'ils veulent, mais qui ne réussissent pas à trouver un emploi dans le domaine qu'ils ont choisi. C'est un excellent début pour toi que de savoir ce que tu veux faire et d'avoir pu décrocher un emploi pour le mettre en pratique.

Dans le même propos, le fait d'arriver au travail à l'heure est précisément le meilleur départ pour *ta* présente journée. Rien ne fait plus sourciller ou massacrer l'humeur (incluant la mienne) que les retards à répétition d'une personne à son travail. C'est dur pour le moral de tous ceux qui se sont disciplinés à se lever et à se rendre au travail à temps chaque jour. C'est particulièrement difficile pour la disposition d'esprit du patron, car comment peut-il se sentir rassuré s'il te confie une responsabilité et que tu n'es pas sufisamment responsable pour arriver à l'heure à l'ouvrage? Chez nous, nous travaillons à heures fixes. Pour ce qui est de la journée de travail, elle ne se termine pas avant 17 h, libre à toi de rester plus tard. Certaines entreprises ont des heures de travail flexibles et ceux qui ne peuvent pas s'accommoder de notre horaire fixe devraient probablement se chercher un emploi auprès de ces compagnies. Si j'ai affaire à toi à 8 h 15 le matin, je ne voudrais pas apprendre que tu entres habituellement au travail vers 9 h 30. Si tu fais partie de la direction, il te faut te conformer au même horaire.

Tu vas te joindre à un groupe d'employés qui ont investi plusieurs années de leur expérience à faire progresser nos entreprises (j'ose penser que tu auras suffisamment de discernement pour permettre qu'une partie de leur vaste expérience et de leur savoir concernant nos opérations puisse imprégner ton cerveau). Je trouverais assurément insensé que tu veuilles *réinventer* la roue, mais je verrais très bien cependant que tu questionnes certaines pratiques courantes pour lesquelles tu verrais matière à amélioration au niveau de la performance. Aie quand même la prudence de ne pas *trop* forcer la note. La victoire revient souvent à ceux qui se réservent le temps d'en connaître davantage; qui *perfectionnent* leurs idées avant de présenter des plans bien mûris à la direction. S'il te vient un besoin impérieux de restructurer nos politiques, garde bien à l'esprit qu'il n'est pas nécessaire que cela soit tenté du jour au lendemain (à moins, bien sûr, que ce ne soit d'une extrême importance). Je suis en faveur des décisions qui se prennent avec célérité, mais les idées non éprouvées exigent un suivi consciencieux et attentif à tous les détails.

Tu recevras une excellente gouverne par notre programme de formation, et étant donné que tu feras partie du secteur de commercialisation de nos services, je te suggère d'en apprendre le plus possible au sujet de notre entreprise avant même d'essayer de mettre à l'épreuve ton art de la vente auprès d'un de nos clients. Certains parmi eux ont fait affaire avec nous depuis bien avant ta naissance. Et non seulement est-il impératif que tu saches tout à propos de nos affaires, mais tu dois également apprendre tout ce qu'il est humainement possible de savoir sur nos clients actuels ou éventuels, avant même de leur serrer la main. Aux yeux du client, tu ne disposes que d'une seule chance: la première impression que tu lui fais. Assure-toi de bien faire ton devoir et que cette impression soit la bonne. Si tel n'est pas le cas, il te faudra passer au moins les deux prochaines années à essayer de retrouver des relations positives avec ce client. Quelle affligeante perspective!

«Le silence est d'or», disait quelqu'un. Je suis d'accord. Et dans ton cas, un kilo d'écoute pour un gramme de parole est la proportion que je te recommande d'adopter au cours de cette période initiale de temps avec nous. Un jour, j'ai décidé de ne pas embaucher un vendeur pour la simple raison que deux préposés aux achats, qu'il avait contactés lors d'un emploi précédent, m'avaient dit que la meilleure description qu'ils pouvaient me faire à propos de «l'approche» de ce vendeur était la suivante: «Une véritable diarrhée de mots». Quelle leçon en tirer? C'est bien simple: «Il est préférable de se taire et de passer pour un sot que de parler et qu'il ne subsiste ainsi aucun doute sur notre sottise». Il est difficile de ne pas aimer une personne bien informée et qui est peu loquace; et les préposés aux achats ont particulièrement tendance à les préférer à ceux qui parlent davantage.

En plus de tes notions sur notre entreprise — qui doivent se trouver dans ton porte-documents lorsque tu mets le pied à l'extérieur de nos locaux — fais pénétrer dans ton esprit la conviction que nous offrons un meilleur, un bien meilleur service à nos clients que nos compétiteurs. La moitié de notre travail consiste à *vendre* nos services; l'autre moitié vise à assurer un suivi continu, à toute épreuve, une fois la vente conclue: sinon il nous faut trouver de nouveaux clients pour remplacer ceux qui nous laissent en plan à cause du manque de service après-vente. Ce qui est tout à fait inefficace. (Et tellement stupide que ton paternel grimperait dans les rideaux et tomberait sur la tête). Il est important de vendre, mais le *service* est ce qui compte le plus, si on veut ajouter des profits à la dernière ligne de notre bilan des profits et pertes.

Bien servir nos clients suppose évidemment une bonne relation de travail entre nos fournisseurs et nous-mêmes. Certains d'entre eux nous dispensent un si bon service qu'il m'arrive de jalouser leur efficacité dans ce domaine. Ce ne sont pas les prix coupés chez d'autres fournisseurs qui me feront me départir de ce type de fournisseur loyal. J'aime penser que certains de nos clients ressentent la même chose pour nous.

À tes présents débuts avec nous, garde ce «spectre» à l'esprit: à un bout, notre client; à l'autre bout, notre fournisseur; et *nous* entre les deux. Un spectre parfait de lumière, avec ses couleurs se mélangeant harmonieusement l'une dans l'autre, est une joie pour l'œil. Telle est également l'entreprise parfaite dans son heureux mélange de fournisseurs, d'employés et de clients.

Pour l'instant, marche à pas feutrés et *oublie* la trique. Les gens te regarderont comme la nouvelle recrue, de la même façon que tu regardes les nouveaux à l'école — peut-être parfois d'un mauvais œil.

Si tout cela te semble plutôt apeurant, ne t'inquiète pas; Paris n'a pas été bâti en un jour. Du reste, ie but premier de cette lettre n'est pas tant de te conseiller que de partager brièvement avec toi la poursuite de ce rêve souvent insaisissable: trouver le *bonheur* dans son travail. Le grand écrivain, John Ruskin, écrivit ce qui suit au XIXe siècle:

> «*Pour que les gens soient heureux dans leur travail, trois choses sont nécessaires. Ils doivent être faits pour ce genre de travail. Ils ne doivent pas trop en faire. Et ils doivent croire au succès de ce travail.*»

Ta scolarité et ton désir d'être en affaires devraient assurément te qualifier pour notre travail; ce que j'ai pu observer de toi pendant les 25 dernières années ne m'amène pas à m'inquiéter à savoir si tu en fais trop; ce qui laisse ton bonheur au travail dépendre seulement de ton sens personnel du succès.

L'ambition, l'initiative et la responsabilité, soigneusement mises en valeur, feront de ta carrière une part de ta vie merveilleusement agréable. Et dis-toi bien que tous les futurs géants de l'industrie des 30 prochaines années commencent tous également *leurs* premiers jours de travail aujourd'hui même. Tout comme toi. Essaie de ne pas l'oublier.

Une dernière chose: aucun de ces futurs géants ne terminera non plus sa formation aujourd'hui, maintenant qu'ils ont fait leur entrée dans le vrai monde. Ils la compléteront à temps perdu certaines nuits ou pendant les fins de semaine, en se réservant des périodes de loisir, pour faire bonne mesure.

Dans le cœur d'un père réside un désir secret: Que son fils réussisse. Je pense que c'est George Herbert qui a écrit: «Un père représente plus que 100 instituteurs».

Bienvenue dans ce vrai monde où l'on gagne sa vie. Ton «bulletin» sera prêt à la fin de notre premier trimestre fiscal.

Je t'aime,

Le directeur

L'intégrité

Depuis six mois, le fils travaille à un contrat d'une impor-
tance exceptionnelle pour la compagnie. Afin de fournir des
preuves de la viabilité de cette dernière, il a dû divulguer
au client éventuel certaines informations secrètes concer-
nant la corporation. Cela s'est produit à la phase finale du
contrat alors qu'il était tacitement entendu que le fils
décrocherait le contrat. En fin de compte, cela ne s'est pas
concrétisé, et le fils est contrarié par le manque d'éthique
en affaires de l'autre parti. Il croit que plusieurs des décla-
rations faites lors des discussions et des négociations de-
vant mener à la conclusion du contrat étaient fausses et
délibérément trompeuses.

Cher fils,

Ton rapport sur la perte du contrat de la RGM est une nouvelle décevante. Je sais à quel point tu tenais à ce contrat et combien tu as travaillé fort pour chercher à le conclure avec succès. Par contrecoup, tu es malheureusement devenu amer face à l'autre parti, et probablement avec raison; cependant, tu ne dois pas permettre que cela te décourage ou te détourne de la poursuite de d'autres contrats avec l'optimisme et le zèle qui te caractérisent.

Quand tu auras ajouté quelques années au compte de ton expérience sur cette planète, tu prendras conscience qu'il existe peu de gens à qui l'on peut faire entièrement confiance. Pour cette raison, l'homme sage s'arme de quelques *munitions;* d'un certain savoir, ou de ce que j'appelle des *garanties* pour ces occasions où il se doit de faire confiance à une autre personne. Ces garanties peuvent prendre plusieurs formes différentes.

Premièrement, il te faut essayer d'obtenir certains antécédents quand il s'agit d'une personne que tu ne connais pas. La plupart des gens sont des créatures possédant des habitudes, et s'ils ne jouent pas le jeu selon les règles, il ne fait aucun doute qu'ils laissent un *être* blessé et brisé sur leur chemin — et même s'il ne restait qu'un vague désir de vengeance dans l'esprit de la victime, celle-ci n'a sûrement pas oublié ce qui lui est arrivé. Investis donc du temps à t'enquérir de la personne avec laquelle tu entreras en affaires.

Deuxièmement, il te faut diriger tes efforts de manière à toujours vendre tes services à un niveau *personnel.* Souviens-toi que, pour le client, la compagnie est en quelque sorte une abstraction. Les gens ne font pas des affaires avec la compagnie, ils les font personnellement avec toi. Si tu adoptes toujours cette ligne d'action, les clients en arriveront à se fier à *toi* — et non pas à la compagnie — pour la réussite de leurs contrats. Bien sûr, cela ne veut pas dire que tu ne dois pas attirer l'attention sur ton excellent personnel, ta façon de fonctionner et les extraordinaires installations de ta compagnie.

Troisièmement, il te faut, à cette étape de ta vie, considérer chaque projet comme faisant partie de l'*expérience* que tu as acquise. Il te reste encore 40 ans pour suppléer à la perte de ton dernier contrat! Si tu examines froidement les différentes phases de ce dernier, tu remarqueras une ou deux choses (peut-être plus) que tu feras autrement dans l'avenir, s'il t'arrive à nouveau de vivre des circonstances similaires. Les hommes sages apprennent plus de leurs défaites que de leurs victoires.

Mon quatrième point est le plus important: Tu es ressorti de cette aventure sans entacher ta réputation. Tes efforts pour obtenir le contrat n'ont pas compromis la compagnie, ni toi-même. (S'il en avait été ainsi, tu aurais alors une bonne raison de te tenir la tête dans les mains, et je te demanderais également de te pencher pour recevoir une bonne fessée là où tu sais).

Vois-tu, tu possèdes ce qu'on appelle de l'*intégrité*. Il me semble évident que l'autre gars en est dépourvu, et je ne donnerais pas cher de ses chances de survivre à long terme dans le monde des affaires. Oh! il vivotera pendant un certain temps, dupant l'un, puis, en appâtant un autre! Mais le monde des affaires est petit. Son manque d'intégrité ne peut pas faire autrement que de le rattraper au tournant. Toutefois, comme je te l'ai souvent dit, ne t'inquiète pas de l'intégrité de l'autre gars, soucie-toi de la *tienne*!

Posséder de l'intégrité, c'est jouir d'une façon de vivre fortement axée sur des principes moraux caractéristiques tels que la sincérité, l'honnêteté et la franchise dans tes schèmes de vie quotidiens. Dans le monde des affaires, celui qui détient de tels principes possède l'élément vital de n'importe quelle réussite à long terme. Sur une courte période, il n'est pas difficile de faire plus d'argent en rognant sur ce que vous avez promis de faire ou de livrer à vos clients. À longue échéance, cependant, de telles tactiques sont les pierres angulaires des grands *perdants* dans l'industrie — ceux-là qu'évitent comme la peste les *gagnants*. L'une des règles les plus importantes est de ne jamais donner à une personne l'occasion de dire que vous ne lui avez pas dit la vérité car, comme le disait Ayub Khan: «La confiance est pareille à un fil ténu. Une fois cassé, il est presque impossible de le relier à nouveau».

Une fois que tu t'es fait avoir — comme tu décris ta récente expérience — il pourrait t'arriver de vouloir en faire autant contre quelqu'un d'autre. C'est tout à fait humain. La plupart d'entre nous réagissons de la même façon dans de telles circonstances, comme si une douce vengeance pouvait panser notre ego blessé. Toutefois, à cette étape-ci, tu es en grave danger de perdre beaucoup. Jusqu'ici, tu n'as perdu qu'un contrat qui ne t'était même pas destiné à l'origine. La perte de bien plus est maintenant en jeu si tu permets à ta colère ou à une quête impulsive de châtiment de s'emparer du meilleur de toi.

Prends le temps de t'arrêter et d'y réfléchir. Si tu avais réussi et obtenu ce contrat, à quel point les problèmes que tu aurais dû inévitablement affronter vont-ils te manquer? Sera-t-il très difficile de ne pas avoir à négocier avec cet homme qui manque d'intégrité? Il est tout à fait possible que la perte de ce contrat ne soit pas un échec, mais plutôt une merveilleuse bénédiction dissimulée.

Mets cela au compte de l'expérience, et sois reconnaissant d'avoir découvert à l'avance la vraie nature d'une personne avec laquelle tu aurais pu avoir à faire des affaires. Ainsi, tous tes efforts en auront valu la peine.

De toute façon, cela, c'était hier. Que fais-tu *aujour-d'hui* pour continuer de nous garder en affaires demain?

Avec amour,

Ton ange gardien

Qu'est-ce qu'un entrepreneur?

Pendant un voyage d'affaires, ensemble, à l'extérieur de la ville, le fils et le père engagent une conversation à propos des entrepreneurs et sur les qualités qu'il faut posséder pour en devenir un. La conversation est interrompue. Une fois à la maison, le père continue le dialogue par le moyen de sa plume.

Cher fils,

Alors que nous étions à New York la semaine dernière, nous avons eu une intéressante conversation, avant que monsieur Daniels ne se joigne à nous pour dîner. Tes questions à propos des entrepreneurs étaient excellentes et quelque peu difficiles à répondre.

Ma première rencontre avec cette rare espèce de gens s'est produite pendant mes dernières années comme expert-comptable chez Price Waterhouse. Par l'entremise de ma mère, j'ai rencontré un homme du nom de John Part. Il avait environ 50 ans et moi 28. Alors que j'assistais à quelques événements sociaux en sa compagnie, je me trouvai intrigué et attiré par cet homme, car il possédait manifestement une magnifique intelligence des affaires.

John Part ne travaillait que lorsqu'il avait besoin d'argent. Il faisait alors appel au pouvoir de son cerveau et il concevait un *nouveau produit* (principalement dans le domaine des soins de santé), ou bien il inventait une nouvelle approche ou méthode de publicité. Je le rencontrai au cours d'une de ses *retraites*. Il avait un peu d'argent de côté, mais il commençait à en manquer.

Je voulais à tout prix voir l'autre volet du monde des affaires — voir à travers l'œil du marketing plutôt que celui d'un grand livre de comptabilité. Je commençai donc à harceler cet homme pour savoir à quel moment il lancerait une nouvelle entreprise et si je pouvais me joindre à lui. Il décida finalement de se remettre à l'ouvrage, fixa une date, et j'ose croire qu'il fut sensible à mes yeux bruns, car il m'invita à travailler à son projet. Je le devais sûrement à mes yeux bruns ou à mon sourire gagnant, car peu de jeunes hommes étaient aussi inexpérimentés que moi à cette période de ma vie à New York; et John avait eu le choix parmi plusieurs autres assistants possibles pour son équipe.

De toute façon, mon introduction au vrai monde des affaires, celui où on fait de l'argent, commença. Lorsque John mourut six ans plus tard, j'avais reçu suffisamment de transfusions de gènes animés de l'esprit d'entreprise pour me permettre de continuer l'affaire que nous avions créée et que je venais d'acheter de sa succession. Je n'étais pas de ceux qui apprennent rapidement, je n'étais pas non plus bien en avance sur l'homme d'affaires moyen, eu égard à mon âge d'alors, à cette étape de ma vie, mais j'avais été exposé au brillant esprit créatif de John et je possédais maintenant une petite entreprise à développer.

Le mot «entrepreneur» vient du verbe entreprendre et le dictionnaire Oxford en donne la définition suivante: «L'entrepreneur joue le rôle d'intermédiaire entre le travail et le capital». Je crois qu'il serait de mise d'ajouter quelques mots supplémentaires pour décrire ce fascinant innovateur du monde des affaires.

Selon moi, les entrepreneurs sont des gens qui possèdent beaucoup d'imagination. Ils semblent avoir réponse à tout. Pour eux, chaque problème possède sa solution, chaque entreprise peut être menée à bonne fin. Leur pensée est créatrice, en constante recherche de nouvelles méthodes de faire les choses. Leur aptitude innée à pouvoir éviter l'ordinaire, les chemins habituels du monde des affaires, constitue le nœud de leur réussite.

Les entrepreneurs sont de grands observateurs et des étudiants de la nature humaine. John Part ne laissait rien passer, il était à l'affût de tout. L'une de ses perles de perspicacité me fut révélée lors d'un petit déjeuner, alors que nous regardions par la vitrine d'un restaurant situé sur un coin de rue achalandé de Montréal. Des flots de gens se dépêchaient de se rendre à l'ouvrage, certains à pied, d'autres tassés dans un bus. Il médita quelque peu sur le panorama qui s'offrait à nous, puis, il dit: «Regarde tous ces gens qui courent à leur travail pour gagner de l'argent; ce même argent qu'ils courront dépenser le jour où ils toucheront leur paye; voilà de l'argent cherchant quelque chose que *nous* devrions nous dépêcher de leur fournir sous la forme de nouveaux produits et services améliorés». Je n'ai jamais oublié cette leçon. La route du succès en affaires est pavée par ceux qui s'efforcent continuellement de produire de meilleurs produits et services. Il n'est pas nécessaire que ce soit un important produit technologique comme la télévision. Ray Kroc, du fameux McDonald's le fit avec un simple hamburger.

Plusieurs des idées que les entrepreneurs exploitent avec succès sont souvent celles de quelqu'un d'autre. Dans ce monde, un nombre stupéfiant de gens ont d'excellentes idées, mais peu savent en promouvoir la vente. Pour les entrepreneurs, c'est une aptitude *innée*. Ils développent des idées, de la phase embryonnaire jusqu'au consommateur, à la vitesse d'un ordinateur; cette rapide façon de fonctionner est l'une des principales raisons qui font que la plupart d'entre eux préfèrent travailler seuls. Très peu pour eux les comités ennuyeux de marketing, les hordes de conseillers et les conseils d'administration dont on ne finit plus de faire partie; à moins qu'ils ne soient des dirigeants de premier plan tels que Lee Iacocca de Chrysler qui a sauvé in extremis cette compagnie de la banqueroute. Les grandes compagnies ont assurément leurs propres entrepreneurs, mais on en trouve beaucoup d'autres qui gèrent leur propre affaire, sans que nous en entendions beaucoup parler.

J'ai mentionné plus haut que plusieurs personnes avaient d'excellentes idées, mais étaient incapables de les mener à une éclosion réellement lucrative. Voici une histoire qui illustre ce point. Je crois que tu vas l'aimer. (Depuis toujours, c'est l'une de mes préférées).

Ce vieil homme dans une région rurale du Nouveau-Brunswick dirige un stand à hot-dogs. Et il le gère de main de maître! Des kilomètres à la ronde, les gens ont entendu parler de ses délicieux hot-dogs. Ils ont remarqué les grands panneaux-réclame annonçant les meilleurs hot-dogs dans le comté et ils viennent en foule à cette cantine du bord de la route pour les essayer. À leur arrivée, il va lui-même les accueillir à l'extérieur, les invite à entrer avec de grands sourires, et plein de jovialité, il leur recommande: «Commandez-en deux, ils sont vraiment bons». Et les gens dégustent à coup sûr les meilleurs, les plus appétissants hot-dogs qu'ils ont jamais mangés, dans les petits pains les plus frais qui soient, assaisonnés d'une succulente relish, d'une moutarde à saveur forte et piquante, d'oignons frits sur le gril, et le tout servi par un personnel agréable et souriant. Les gens quittent le stand en se léchant les babines et en s'exclamant: «Je n'ai jamais cru qu'un hot-dog pouvait être aussi bon!». Au moment de leur départ, le vieil homme les salue de la main et leur lance cette invitation: «Revenez à nouveau, s'il vous plaît, car il faut que cette entreprise fonctionne rondement pour que je puisse envoyer mes jeunes au collège». Et les gens reviennent. En grand nombre.

Un jour, le fils du vieil homme arrive à la maison, tout frais sorti de Harvard avec sa maîtrise en administration des affaires et son doctorat en sciences économiques. Après avoir jeté un coup d'œil au commerce de son père, il lui dit: «Mon cher père, ne sais-tu pas que nous sommes en plein milieu d'une terrible récession? Tu te dois de compresser les coûts! Dispense-toi de tes frais de publicité en annulant les panneaux-réclame. Épargne au niveau des coûts de la main-d'œuvre en réduisant ton personnel de six à deux personnes; en faisant toi-même la cuisine au lieu de perdre ton temps sur le bord de la route. Arrange-toi pour que tes fournisseurs te livrent des petits pains et des saucisses de moindre qualité. Ne sers que les marques de moutarde et de relish qui sont les moins chères, et laisse tomber complètement les oignons. Vois maintenant toutes les économies que tu pourras faire pour surmonter cette récession qui élimine des entreprises à gauche et à droite.»

Le père le remercia et, sachant combien intelligent son fils pouvait être avec tous ses diplômes, il ne douta pas un seul instant que ses conseils ne soient judicieux. Les panneaux-réclame furent enlevés et le père reprit les rênes de la cuisine où l'on ne trouvait maintenant que les produits les moins chers possible; une seule serveuse s'occupait des clients.

Deux mois plus tard, le fils revient de nouveau à la maison et demande à son père comment vont les affaires. Le père lorgne son stand à hot-dogs déserté, les automobiles filant à toute allure sans s'arrêter, la caisse enregistreuse vide — et il se tourne vers son fils et lui dit: «Fils, comme tu avais raison! Nous sommes vraiment dans une *foutue* récession!»

Voyez-vous, le vieil homme *était* un réel entrepreneur — mais jusqu'à un certain point. Il savait ce que les gens voulaient; le seul élément de base lui faisant défaut pour être un vrai entrepreneur était le courage de ses propres convictions. S'il avait *vraiment* cru en lui-même, *personne* n'aurait pu détruire son commerce. Un entrepreneur se doit de se montrer tenace et entêté pour assurer sa réussite.

L'entrepreneur se fie à son instinct pour se diriger lorsqu'il ne dispose pas de solides évidences. Il peut exercer cet instinct dans le domaine de l'emballage des produits, la publicité, ou dans le choix du meilleur type de points de vente pour rejoindre le consommateur d'un produit particulier. L'entrepreneur ne perd jamais de vue que la vente par correspondance et à domicile ont fait de nombreux millionnaires. (Sears et Avon sont de bons exemples de ces deux méthodes de vente).

Pour vendre ses produits, il utilisera toute l'aide disponible de marketing, mais contrairement à plusieurs compagnies fonctionnant au ralenti, l'entrepreneur *s'assure* de son succès en se servant de cette aide de façon différente. Par exemple, lors d'un programme de marketing à titre expérimental, il pourrait se rendre dans la région où se déroule ce programme et étudier de visu les visages, les expressions, les commentaires — positifs et négatifs — des clients venus participer à ce programme et qui sont exposés à ses nouveaux produits ou services. Un certain entrepreneur est même allé jusqu'à enregistrer les remarques des clients pour pouvoir les étudier plus à fond, de la même manière qu'un entraîneur réexamine les efforts de son équipe sur vidéo. L'entrepreneur est parfaitement conscient que, même s'il connaît *beaucoup* de choses, *personne* ne peut tout connaître. Il croit fermement que seuls des insensés, persuadés de réellement savoir ce que le consommateur désire, évitent d'utiliser les analyses de marché. Plusieurs entrepreneurs débutants ont probablement appris cette leçon de la manière dure, mais je suis convaincu qu'ils l'ont apprise, car aussi résolus que soient les entrepreneurs, ils sont également flexibles: une combinaison inhabituelle de caractéristiques, mais vitale pour la réussite.

Une autre observation que j'ai faite à propos de l'entrepreneur est sa troublante habileté à mesurer le risque qu'il prend. Il est par *nature* une personne appelée à prendre des risques, car il sait instinctivement que: «Les grandes transactions sont menées au prix de grands risques». (Cela fut dit par Hérodote en 450 avant Jésus-Christ). Même s'il sait parfaitement à quel point les projets humains les plus soigneusement élaborés peuvent échouer rapidement et facilement, il ne se défile pas devant le risque. Il excelle dans une atmosphère d'excitation, de tension, de spéculation, de lutte; et lorsqu'il parvient à subjuguer ces forces, il s'accorde cinq minutes pour savourer son succès avant de s'attaquer à son prochain client éventuel.

Notre entrepreneur se transforme en «super réservoir à pensées» lorsqu'il s'agit d'analyser les facteurs de risque d'un nouveau projet. Il discerne ce qui vraisemblablement échouera et se concentre sur les facteurs incertains. Si une personne qualifiée et une compagnie peuvent l'aider, il les emploiera à diminuer les facteurs de risque. Il ne fait aucun doute qu'il va également développer un plan de rechange si celui qu'il utilise ne fonctionne pas; il se garde toujours une porte de sortie, une possibilité de faire marche arrière et une sécurité financière suffisante pour qu'advenant un échec, il puisse créer une nouvelle entreprise demain matin. Les jugements de faillite, très peu pour lui! Il a été pauvre trop longtemps et il déteste le pain et les fèves. Il n'a pas l'intention de goûter de nouveau à ce genre de vie.

Comment s'y prend-il? Eh bien, de plusieurs façons, mais avant tout, il évalue avec rigueur combien il peut se permettre d'investir dans un projet. Si cela doit lui coûter plus que ce qu'il peut endosser ou s'il sent que les chances jouent fortement contre son succès, il fera l'une des trois choses suivantes: il va chercher à obtenir l'investissement de l'argent ou des talents de d'autres personnes; il vendra complètement l'idée à quelqu'un intéressé à s'en occuper; ou s'il le faut, en dernier ressort, il laissera tout simplement tomber cette idée. Un entrepreneur est parfaitement conscient du fait suivant: «Il est possible d'échouer de plusieurs façons (...)» alors que l'on ne réussit que d'une seule (...)». (C'est ce que disait Aristote en 350 avant Jésus-Christ).

Quelques façons typiques d'agir de certains entrepreneurs finissent par les éreinter. Ils n'ont pas tous du succès. Ils avancent souvent trop rapidement lors de l'étape de planification de leurs projets. Dans leur précipitation, ils rognent sur les coûts au niveau de la qualité de leurs produits et services, ils négligent d'obtenir une protection légale pour leur marques de fabrique ou leurs inventions et, bien souvent, ils ferment les yeux sur la législation gouvernementale concernant leurs nouvelles mines d'or. Beaucoup trop souvent, ils n'ont pas suffisamment de réserves pour leurs mises financières, et lorsqu'ils arrivent au bout de leur argent, les banquiers refusent de les voir et leurs amis investisseurs commencent à les fuir, leur préférant des personnalités plus stables avec qui faire des affaires.

Il existe une différence subtile entre un entrepreneur et un homme d'affaires couronnés de succès. Bien sûr, ils sont quelque peu semblables, mais la personnalité animée de l'esprit d'entreprise manifeste plus d'élan, d'audace, davantage de goût du jeu — et moins d'adhésion aux manières conventionnelles de conduire les affaires. Mais tous deux doivent savoir ce que les acheteurs veulent et quelles sont les tendances du marché. Un contact constant et une estimation exacte du marché constituent une combinaison gagnante.

D'après ce qui précède, il peut sembler des plus aventureux et particulièrement attrayant pour l'ego d'être un entrepreneur. Mais d'aller contre la marée comporte bien des pièges. Néanmoins, parmi les gens que je considère de vrais entrepreneurs, pas un seul n'a encore blâmé les *circonstances* d'avoir été la cause de ses problèmes. L'authentique entrepreneur a le bonheur d'avoir la mémoire courte à propos des échecs et une soif insatiable de nouveaux projets. Il s'accorde cinq minutes pour pavoiser de ses succès et une seconde pour pleurer sur ses échecs.

Il a tendance à aller son propre chemin, à agir seul à l'intérieur et à l'extérieur du monde des affaires. Claude Hopkins, l'un de mes entrepreneurs préférés, décrit sa propension pour la solitude de la façon suivante, dans son livre, *My life in Advertising* (Ma vie dans la publicité):

> «J'ai eu à faire face à d'autres situations très urgentes, plus importantes que l'argent ou les affaires. J'ai toujours eu à les confronter seul. Il me fallait décider par moi-même et toujours contre vents et marées. Chaque grand changement que j'ai effectué dans ma vie a été ridiculisé et dénigré par mes amis. Mes plus grands gains, en ce qui a trait à l'argent, à ma propre satisfaction ou à mon bonheur, ont été accomplis à travers un mépris quasi universel. Mais je me suis fait le raisonnement suivant: L'homme moyen n'est pas enclin au succès. Nous rencontrons peu de gens qui atteignent leur but et seul un petit nombre d'entre eux

sont vraiment heureux ou satisfaits. Pourquoi laisserions-nous alors à la majorité le soin de décider dans des domaines qui affectent directement nos vies?»

J'ai souvent marqué un temps d'arrêt pour réfléchir à cette affirmation de Claude Hopkins selon laquelle chaque grand changement qu'il a fait dans sa vie a été ridiculisé et dénigré par ses amis. Je me rappelle encore très bien les nombreux froncements de sourcils que j'ai provoqués quand, après 10 années d'études pour y parvenir, j'ai abandonné une carrière prometteuse en comptabilité pour rejoindre John Part et sa petite compagnie, dont le volume annuel des ventes n'était que de 140 000 $. Cela semblait un geste insensé après avoir fait la vérification des comptes de quelques-unes des plus importantes sociétés commerciales du Canada, mais je crois que, cette année, nos ventes de 25 000 000 $ indiquent heureusement le contraire.

Le poème qui suit t'intéressera peut-être. Je l'ai conservé depuis plusieurs années, car il manifeste la lueur d'un apprentissage animé de l'esprit d'entreprise. Il fut écrit par un étudiant de septième année.

«Ils me regardent et demandent pourquoi
Je leur réponds que je ne sais vraiment pas
Mais chaque homme a une chance d'atteindre le ciel
J'ai ma propre façon de le faire

Et un jour,
Je m'y rendrai peut-être

Je suis actuellement en route
Avec de nombreuses pensées différentes chaque jour

J'ai plusieurs problèmes à affronter
Certains finissent bien, d'autres mal
Mais à travers chacun
Je n'arrive jamais vraiment à me fâcher
Bien sûr, plusieurs m'ont attristé
Mais jamais, jamais, je ne me suis réellement fâché

*Je ne me laisserai jamais vraiment submerger par mes
    problèmes
Si cela devait arriver, je passerai à autre chose
Jusqu'à ce que je puisse y revenir, non pas sottement
Mais d'une façon tout à fait sereine*

*Ce n'est peut-être pas votre manière à vous,
Mais c'est définitivement la mienne.»*

J'espère que tu as apprécié ce petit poème, car c'est *toi* qui l'as écrit. Dans ce temps-là, ton esprit indépendant, ton optimisme, ta flexibilité, ton courageux empressement à revenir vivement dans la lutte étaient déjà *bien présents* en toi.

Environ 25 ans avant notre ère, Virgile disait: «La fortune sourit aux audacieux».

Sois audacieux avec notre argent, mais pas *trop*. J'aime les héros financiers, mais je n'aime pas les héros de la faillite.

Je t'aime,

«Je l'ai fait à ma façon»,
Ward

L'expérience

Le fils se prépare à occuper un nouveau poste dans la compagnie. Une situation dans le domaine du marketing où l'expérience est une exigence de base: un atout dont le fils est visiblement dépourvu. Sans chercher à miner la confiance de son fils, le père souhaite mettre en évidence l'importance de cet élément manquant et la nécessité d'acquérir cette expérience.

Cher fils,

Dans ton nouveau poste à la tête du marketing d'une de nos compagnies, tu arrives avec tout un assortiment de talents. Premièrement, tu possèdes l'intelligence nécessaire pour te mesurer à notre monde; tes réalisations à l'école secondaire, à l'université et dans tes autres emplois au service de notre compagnie l'ont prouvé amplement. Deuxièmement, tu apportes un haut degré d'enthousiasme dans ton travail, et troisièmement, tu es doté de cette faculté de soupeser les résultats de tes efforts de manière impartiale.

Cependant, il existe un élément de base que tu n'as pas encore acquis jusqu'ici: *l'expérience.* Si nous faisons un retour en arrière à l'époque où tu étais étudiant, tu te rappelleras que l'expérience s'accroissait quotidiennement, simplement en faisant face à chaque nouvelle journée et à ce qu'elle apportait, jusqu'à ce que tu te sentes suffisamment assuré dans ce que tu faisais pour mesurer tes résultats de façon réaliste. Il en ira de même pour ton nouveau poste, mais il est vital au tout début de cet emploi que tu reconnaisses que tu ne pèses pas bien lourd dans ce département clé.

Que peux-tu y faire? L'homme qui manque d'expérience et qui en est conscient doit premièrement prendre la résolution pour lui-même de ne pas permettre à cette carence de l'inhiber ou de l'empêcher d'essayer d'accomplir jusqu'au bout son travail. Ayant fait cela, il est alors crucial pour toi de prendre le temps d'évaluer avec soin chaque projet que tu es sur le point d'entreprendre; que ce soit dans l'analyse et la solution d'un problème donné, dans la préparation d'une présentation, ou de quoi que ce soit d'autre à ton ordre du jour.

En premier lieu, de combien et de quelles données disposes-tu dans l'immédiat? Et quelles sont celles qu'il te manque? Devrais-tu en recueillir davantage? Une fois que tu auras obtenu tous les renseignements possibles — et *seulement* à cette étape, tu seras vraiment prêt à réfléchir à propos des différentes lignes de conduite de ton action. Méfie-toi de ce piège dans lequel tant de gens tombent, et certains à plusieurs reprises, celui de ne pas rassembler toutes les données qu'il est possible d'obtenir. Plusieurs personnes sont nonchalantes lorsqu'elles font face à cet aspect de leur emploi et elles ne travaillent pas suffisamment fort pour acquérir les données de base sur lesquelles s'établiront leurs décisions et leurs actions. Tu as construit bien assez de camps dans les bois avec moi pour savoir que si nous échouons à fournir une base solide et à niveau à ce que nous construisons, nos efforts vont certainement être insuffisants pour accomplir un travail de première classe.

Il existe également une tendance à vouloir commencer l'analyse des données, de se mettre immédiatement au travail, avant même d'avoir obtenu toutes les facettes d'informations disponibles. Puis, il faut particulièrement discipliner son esprit pour ne pas embrayer en seconde vitesse avant d'avoir obtenu tous les avantages de la première. Pense à nos excursions de camping et de canoë. Étant donné que tous et chacun sont toujours pressés de partir, ne sommes-nous pas susceptibles d'oublier quelque chose derrière nous si nous n'avons pas, avant le départ, vérifié la liste des choses à faire et à apporter, que je me donne tant de mal à compiler avant chaque voyage? Et ce ne serait certainement pas attribuable à un manque d'expérience, mais seulement à un manque *à appliquer* adéquatement notre expérience.

Pour conclure cette première étape, la cueillette des informations, il est très rassurant de pouvoir compter sur une personne fiable avec qui tu peux vérifier si tu as oublié quelque chose. Un collègue occupant un poste similaire au tien dans une autre compagnie non concurrentielle ou ton propre président sont peut-être les deux personnes idéales vers lesquelles te tourner.

Voici maintenant la seconde étape, la plus excitante: Agir à partir des informations que tu as en main. C'est ici que le facteur expérience compte réellement car une interprétation adéquate de tes données est cruciale pour ta réussite. Quand les années s'ajouteront et que tu auras fait ta part d'erreurs dans le monde des affaires, comme nous tous, tu découvriras que 80 % d'entre nous se trompent dans leurs prises de décisions à cause d'une mauvaise interprétation de leurs données, plutôt que par un *manque* de données. L'expérience nous enseigne à réunir d'abord ensemble toutes nos données pertinentes et, dans un second temps, à les analyser correctement. La première opération requiert de la discipline, la seconde, des années d'expérience.

Comment quelqu'un obtient-il de l'expérience dans l'interprétation des données? Comme pour toute chose, en *agissant*. Mais je dois me hâter d'ajouter que cela surviendra plus vite et mieux par une *analyse* soignée et réfléchie, plutôt que de se fier purement et simplement à son instinct.

Une fois la collecte et l'interprétation des données complétées, vient l'exécution. Ce ne sera pas un problème pour toi, car tu as déjà acquis beaucoup d'expérience dans ce domaine. Tout ce que tu as accompli jusqu'au bout et le suivi que tu as démontré dans tous tes emplois jusqu'à ce jour, aussi bien que pendant tes années d'école, constituent l'expérience dont tu feras maintenant bon usage pour t'aider à exécuter tes décisions correctement. Cette partie de ton projet devrait donc s'avérer plutôt facile.

Mais n'oublie jamais, à 62 ans et après 40 ans dans les affaires, j'acquiers encore une expérience précieuse dans mon champ d'activités. J'en suis venu simplement à comprendre et à accepter que, dans certains secteurs de mon entreprise, il existe encore une expérience à combler, quelque chose que j'ai à apprendre par le biais de l'*expérience* — et je me remémore cela à chaque fois que je caresse un nouveau projet. Cela ne flatte certes pas mon ego d'avoir à admettre ce qui précède, mais je soupçonne que cela aide considérablement nos bilans de fin d'année, en ce qui concerne nos profits et pertes.

Tu possèdes tous les atouts d'un bon dirigeant, et l'expérience fera de toi un meneur remarquable. Mais c'est quelque chose qu'aucune école ni personne, si ce n'est *toi*, ne pourra faire croître pour toi-même. Quand tu auras acquis quelque expérience, sois prudent et arme-toi de courage pour continuer d'apprendre de tes succès, pour pouvoir les répéter; et de tes erreurs, pour ne jamais répéter deux fois la même.

Sincèrement,

*Ton compagnon
d'apprentissage*

Les employés

Un membre précieux du personnel démissionne à cause d'un conflit avec le fils. Le père, affecté par cet incident, s'empresse d'insister sur l'importance d'essayer de conserver des gens distincts des autres pour remplir des postes particuliers à l'intérieur de la compagnie.

Cher fils,

Ce fut un choc pour moi d'apprendre que monsieur Miller a quitté notre firme pour un autre emploi. Cela m'a surpris, car à l'époque où je dirigeais la compagnie, je l'ai toujours considéré comme un employé de valeur, même s'il était quelque peu excentrique. Il me semble évident que ses excentricités ont eu raison de toi et ont occasionné cette rupture.

Il est fascinant de constater que, de par ce vaste monde, il n'existe pas deux personnes qui pensent exactement de la même façon. L'aspect physique de chacun de nous est aussi différent que nos modes de penser — ce qui en soi constitue un exploit fantastique de la part de notre Créateur. Et ce qui est d'autant plus étonnant, malgré toutes ces différences, nous réussissons quand même à nous marier, à engendrer des familles aimantes, à conserver des amis et des employés de valeur.

Selon moi, les industriels qui ont le mieux réussi pendant la période 1900-1930 semblent s'être comportés à plusieurs occasions comme s'ils étaient à moitié fous. Il existe peut-être aujourd'hui autant de patrons tyranniques, mais je suis plutôt enclin à penser que la majorité d'entre eux ont changé leurs attitudes, pour la simple raison que le marché de l'emploi est devenu maintenant beaucoup plus fluide, les changements d'emplois y sont rendus plus faciles (sauf pour ceux qui habitent dans des petites villes). Pour cette raison, la gamme des différents comportements s'est rétrécie: de nos jours, nous ne trouvons plus beaucoup d'employeurs tyranniques ni tellement d'infortunés employés condamnés à s'en tenir mordicus à leur emploi.

Un employeur prudent prendrait le temps d'analyser les motivations d'une personne qui cherche du travail, et ce qui est plus important encore, *l'ordre* de celles-ci. Une étude récente a révélé que l'argent se classait en septième position dans une liste des motivations pour un emploi. La *satisfaction* dans l'accomplissement de son travail se retrouvait en tête de liste. Manifestement, cette bonne sensation que nous éprouvons lorsque nous avons *accompli* quelque chose est encore la meilleure récompense de l'homme pour son dur labeur. Mais il a également besoin de *savoir* qu'il fait bien son travail, et la plus grande lacune actuelle des dirigeants d'entreprise est de ne pas faire savoir à leurs employés combien ils apprécient leur travail.

Un compliment mérité ne coûte rien, mais ses effets bénéfiques sont incalculables. Lorsque nous sommes complimentés ou que nos efforts sont appréciés, la nature humaine est ainsi faite que la plupart d'entre nous redoublent d'ardeur pour fournir, au bout du compte, un meilleur rendement. Quelle *rentabilité* pour le simple investissement de quelques mots de félicitations bien mérités!

Revenons au cas qui nous concerne actuellement. John Miller était indiscutablement un honnête et ardent travailleur. Certains de ses comportements et de ses opinions excentriques ne m'ont jamais dérangé et je peux t'assurer que je les ai évalués avec soin pour savoir si ses excentricités risquaient de nuire à nos affaires. Dans un même temps, j'ai jeté un regard critique autour de moi et j'ai trouvé très intéressant de constater que nous possédons tous de nombreuses et étranges manies diverses, et que malgré celles-ci, nous venons quand même chaque jour travailler ensemble côte à côte dans l'harmonie, et que nous constituons une grande force de travail. Vois-tu, ce que nous considérons comme des caractéristiques excentriques chez d'autres, ne sont, dans la plupart des cas, que des points de vue différents ou des perspectives distinctes des nôtres en ce qui a trait à la vie. Il serait fascinant de pouvoir lire les pensées qu'entretiennent les gens qui travaillent avec nous, à propos de tes (ou de mes) manies ou lubies — car nous en avons tous.

Il me semble donc évident et de première nécessité de créer une force de travail, malgré, ou en utilisant ces petites bizarreries qui nous caractérisent tous et chacun. Si nous n'agissons pas dans ce sens, il faudra faire une croix sur la force de travail, car elle sera inexistante. Il te faut te rappeler que tu n'es pas le seul employé idéal. De plus, c'est le *rendement* de nos affaires qui compte et non pas de savoir si quelqu'un se mouche une, deux, ou mille fois par jour. À moins que les habitudes d'une personne ne soient offensantes et singulières au point de déranger les autres, je ne vois aucune raison de la priver de son salaire.

Je crois que ce serait un exercice révélateur pour toi d'évaluer les raisons du départ de monsieur Miller. D'après ce que tu m'as dit, sa personnalité excentrique a finalement eu raison de toi. Eh bien, il faudrait garder à l'esprit que nous avons une entreprise de fabrication de médicaments et non pas de psychanalyse de la personnalité. Le simple fait que monsieur Miller ait travaillé pour nous pendant 10 ans et que, pendant tout ce temps, je n'ai reçu aucune plainte contre lui de la part des autres employés devrait te donner matière à réflexion.

Certaines personnalités ont souvent besoin d'un laps de temps suffisant pour découvrir leurs affinités mutuelles. Dans le cas présent, tu as travaillé en compagnie de monsieur Miller pendant seulement quatre mois. Il est possible que quatre mois supplémentaires t'auraient donné une impression beaucoup plus positive de l'homme et une nouvelle perspective de la situation.

Je te pose maintenant la question suivante: Avons-nous perdu un employé de valeur bien entraîné pour la simple raison que *tes* critères d'aimer ou de ne pas aimer les gens sont imprécis ou excentriques? Si c'est le cas, il serait préférable que tu consultes rapidement un psychiatre avant que tu ne décimes toute notre main-d'œuvre.

Vois-tu, cela coûte de l'argent pour former une personne pour un emploi particulier; pour certains postes dans notre compagnie, cela coûte encore plus cher. Si nous voulons fonctionner avec le maximum d'efficacité (cela n'arrive qu'en théorie), nous devons maintenir un faible taux de changement de personnel, sinon tous nos profits vont s'engloutir dans la formation d'employés, si ceux que nous formons nous laissent tomber sans exception quelque temps plus tard. En conséquence, un moral élevé n'est pas seulement une atmosphère désirable et agréable à maintenir parmi notre personnel, c'est une *obligation*.

Pour conclure, garde à l'esprit que tu dois continuellement contrôler les performances du personnel: en particulier celles des employés qui viennent de joindre nos rangs pour mesurer s'ils se montrent à la hauteur de nos normes établies. Cependant, les performances faibles ou à la baisse de n'importe quel membre du personnel qui nous a servi depuis bon nombre d'années devraient signifier pour toi un signal d'arrêt obligatoire. Arrête-toi et réfléchis: Pourquoi le travail de cette personne s'est-il relâché? Existe-t-il des raisons personnelles pressantes derrière ce déclin qui doivent être prises en considération? Parle à cette personne et dis-lui que son travail est moins productif qu'auparavant. Y a-t-il un problème à régler ou un autre que nous pouvons l'aider à résoudre? Il est vraiment étonnant de constater ce qu'une seule heure de ton temps peut faire pour remettre à nouveau une personne sur la voie du succès. Prends bien en considération ce qui suit, cette seule heure de ton temps et cette unique heure de son temps nous coûtent environ 50 $; d'un autre côté, cela coûtera maintenant à la compagnie 5 000 $ pour former un remplaçant convenable pour monsieur Miller.

Ce sont tes collaborateurs qui sont précieux, non pas les briques, le mortier ou la machinerie. Protège cet investissement majeur que sont nos gens en faisant de ton mieux pour qu'ils sentent que ta première priorité est leur *satisfaction* dans l'exécution de leur travail. Si tu agis ainsi, tu n'as aucune idée du degré de satisfaction que tu expérimenteras toi-même dans ton propre travail. Et je *sourirai* à l'escalade des profits qui en résultera.

Sincèrement,

Ton compagnon
de travail

L'association

Des visions de prospérité instantanée miroitent dans les yeux du fils, il brûle d'envie d'investir et de s'associer avec trois de ses amis. Le père tente de projeter une nouvelle lumière sur cette entreprise en faisant ressortir plusieurs considérations qui devraient être examinées avant de se lancer dans une telle démarche.

Cher fils,

J'ai ouï dire que ton ami Harold t'a approché pour te proposer une fantastique idée lucrative dans une autre industrie très différente de la nôtre. J'ai également appris de mes sources personnelles que tu avais été invité à t'associer à cause de l'entreprise prospère dont nous faisons tous deux partie, toi et moi. Cela m'amène à présumer que tes amis comptent sur certains de nos profits pour soutenir leur nouvelle entreprise. Ayant évalué avec soin toute la logistique de leur projet, Harold et ses amis ont sûrement trouvé toutes les raisons positives pour croire que leur entreprise atteindra le sommet; aucune anicroche, aucun inconvénient, aucun facteur négatif dans leurs plans, j'en suis persuadé.

Il existe une chose étrange à propos de la nature humaine et des idées qui rapportent. Nous rassemblons tous les aspects positifs en l'espace d'une demi-heure et nous vivons souvent dans l'angoisse pendant plusieurs années pour ne pas avoir tenu compte des aspects négatifs.

Avant que tu ne te mettes à compter les millions de profits que tu tireras peut-être de cette entreprise, permets-moi de me manifester et de mentionner certaines choses qui pourront probablement t'épargner d'avoir à calculer des pertes qui pourraient s'avérer importantes.

Je suis passablement intrigué à savoir pourquoi Harold et ses deux copains ingénieurs sont venus vers *toi* pour t'inviter à t'associer à leur aventure. Étant donné que leur projet est hautement spécialisé en ingénierie et conçu pour le matériel lourd de construction, je me demande comment *ton* sens particulièrement aigu des affaires pourrait leur être d'un quelconque recours — surtout dans un domaine si étranger au nôtre: la fabrication de médicaments.

Il n'est pas du tout dans mon intention de chercher à dénigrer ce projet, mais je dois admettre que la première pensée qui me vient à l'esprit concerne l'argent de ta famille; car il me semble que chaque fois que des gens arrivent avec de nouvelles idées d'affaires, ils sont plus aptes à résoudre tous leurs problèmes de marketing et de production, mais leurs cerveaux se paralysent soudain quand il s'agit de trouver l'argent pour mettre leur projet à exécution. Et tout compte fait, c'est tout de même l'*argent* qui met en branle leurs entreprises.

Si nous présumons que cette idée est valable, qu'elle possède une excellente chance de réussite, et que tu hypothèques ton âme pour parvenir à ces millions: Qui va diriger cette affaire? Il est évident que ce ne peut pas être toi, car tu n'es pas techniquement qualifié pour ce type spécifique d'opération. D'autre part, il deviendrait particulièrement difficile pour nous d'accroître nos profits et notre efficacité si tu consacres une grande partie de ton temps et de ton enthousiasme à penser à une autre entreprise; assurément, la nôtre connaîtrait vraisemblablement une *décroissance* au niveau de ses profits et de son rendement s'il t'arrivait de disperser tes talents à ce moment-ci de ta carrière d'affaires.

Il m'apparaît donc logique que Harold ait à diriger l'entreprise, étant donné que votre nouvelle compagnie ne peut pas se permettre, dans les circonstances, d'engager un administrateur professionnel qualifié. Qu'avez-vous en main? Harold dépensant ton argent, et toi quelque peu à l'écart. Ce *pourrait* être un excellent arrangement *si* Harold sait ce qu'il fait. À 32 ans, il pourrait être l'un de ces oiseaux rares qui surgissent sans les avantages de l'expérience ou d'une formation et qui savent instinctivement comment diriger une entreprise. Je suis enclin à penser le contraire. Je crains que dans ce cas-ci les chances ne soient tout à fait contre, et de loin.

Si tu investis dans 10 tentatives semblables, l'une risque de réussir. Le problème est de découvrir *laquelle* réussira avant que tu ne perdes tout ton argent dans les 9 autres.

À part le fait que l'entreprise qui t'est proposée n'est pas du domaine de notre industrie (que nous connaissons et pourtant nous faisons *quand même* des erreurs), et que Harold et ses camarades de l'école d'ingénierie n'ont aucune expérience des affaires, il existe un aspect humain dans une association que seule l'expérience nous permet d'assimiler; la majeure partie de cet aspect se révèle malheureusement fort triste dans la réalité.

Tu seras, de quatre associés égaux, celui qui investit l'argent. Harold sera président, Charlie sera vendeur et Fred fabriquera le produit. Au début, les efforts de tous seront énormes et très consciencieux; chacun s'investira totalement. Malheureusement, avec le temps, la plupart des associations à quatre perdent un ou deux de leurs membres en chemin — même si l'entreprise parvient à réussir. C'est inévitable. Lorsque la conduite de l'entreprise devient difficile, les 70 ou 80 heures de travail par semaine commencent alors à peser lourd pour les associés ou leurs épouses, et le début de la fin se précipite par bonds successifs.

«Ce sacré Charlie obtient 200 $ et trois heures pour ses repas chaque jour, alors que moi je travaille comme un forcené!» «Pourquoi devrais-je travailler ce soir? Les autres ne le font pas! Et 75 cents de chaque dollar que je fais se retrouvent dans leurs poches!» Puis, ils feront sur ton compte la remarque classique: «Pourquoi ce salaud obtient-il 25 cents sur chaque dollar que nous faisons alors qu'il ne contribue à rien!» Certains ont souvent la mémoire courte. Ta contribution financière pour faire démarrer la compagnie ne sera pas de celle que l'on conserve longtemps en mémoire avec plein de gratitude. Tu découvriras bien assez tôt que le premier intérêt de tes associés sera de te demander: «Que vas-tu faire pour nous aujourd'hui?»

Si tu es encore déterminé à t'engager dans cette association, explorons ensemble quelques façons de procéder qui pourraient limiter de beaucoup certaines angoisses éventuelles. L'un de tes principaux avantages est de très bien connaître chacun d'eux: leur honnêteté, leur intelligence et le degré d'efforts assidus qu'ils peuvent déployer. Cela est un atout important. À mon avis, tu devrais discuter avec eux des aspects négatifs de l'entreprise; les coûts engagés, les sacrifices et les dures réalités que cela comporte d'avoir à travailler de longues heures assommantes; les luttes ardues que vous devez être prêts à mener, car, à moins que cette nouvelle entreprise ne soit tellement différente des autres, seuls des efforts éreintants vous permettront de réussir. Fais-leur savoir ces choses *par écrit* pour qu'au moins ils te respectent de les en avoir avertis, s'il arrivait que cette association tourne au vinaigre.

Arrêtons-nous maintenant sérieusement sur le partage des parts des associés. À part toi, l'autre homme clé semble être Harold. Charlie et Fred sont nécessaires, mais ce ne sont pas des meneurs. Tous souhaiteront posséder une partie de l'affaire. (N'est-ce pas la raison pour laquelle ils entrevoient faire des millions de profits?) Eh bien, il existe des moyens sûrs de contenter tout le monde. Harold va probablement adhérer à l'idée que lui et toi déteniez une majorité des parts — disons 80 % à parts égales. Jusqu'ici tout va bien. Tu devras dire à Charlie et Fred qu'ils auront chacun une part de 10 %. L'amitié ne doit pas entrer en ligne de compte, car en affaires cela peut s'avérer dévastateur, sauf en de rares circonstances. Adoucis ton offre en leur proposant 30 % des profits annuels avant impôts, 10 % chacun. Chaque associé possède maintenant deux facteurs de motivation: *une part de l'entreprise* (cela ne rapporte pas beaucoup d'argent avant que l'entreprise ne soit devenue prospère et que les emprunts aient été remboursés — ce qui normalement prend beaucoup de temps), et *le partage des profits* versés chaque année: ces paiements en précieux dollars que nous attendons tous avec impatience pour le prix de nos efforts.

Pour éviter de futurs tracas possibles, rencontre *immédiatement* tes trois associés en présence de ton expert-comptable et de ton avocat et trouvez ensemble une base pour évaluer vos parts annuelles. Il est aussi compliqué que dans le cas d'un divorce d'essayer de dissoudre une association d'affaires avec quelqu'un qui s'est mis dans la tête que ses parts valent beaucoup plus que ce qui semble équitable pour les autres associés. Fais établir un barème selon lequel la valeur des parts sera indiquée chaque année, dans l'éventualité où l'un des associés souhaiterait vendre ses parts en cours de route. De cette façon, il saura exactement à quoi s'attendre financièrement s'il entretient l'idée de laisser la compagnie.

Soit dit en passant, étant donné que c'est *ton* argent qui alimente l'entreprise, insiste pour que *tes* experts-comptables et tes avocats agissent pour le compte de la compagnie. Cela te fournira un certain contrôle de ton argent et de la façon dont tes associés s'en serviront.

Notre association d'affaires est devenue florissante avec de l'amour et beaucoup de travail. Si tu décides de tenter ta chance avec ce nouveau projet, j'espère sincèrement que tu trouveras une bonne dose de ces deux ingrédients dans ta nouvelle association. Puis-je me permettre d'ajouter: «Qui ne risque rien n'a rien!»

Affectueusement,

Ton associé

Le mariage

Le fils a envisagé sérieusement de se marier. Le père soup-
çonne que c'est en partie ou largement attribuable au fait
que la plupart des amis masculins de son fils sont mainte-
nant mariés; le père se demande s'il ne s'agit pas là d'un
cas de «vouloir-faire-comme-les-autres». Quelques
conseils sur le sujet du mariage sont précautionneusement
dispensés par le père.

Cher fils,

J'ai su que tu avais confié à un ami que tu pensais te marier. J'ai esquissé un sourire en me demandant quelle pouvait être l'heureuse élue, étant donné que chaque fois que je t'ai vu avec une petite amie, ce n'était à peu près jamais la même. (J'ai depuis longtemps laissé tomber le compte de tes jolies flammes)!

Je n'ai cependant pas trouvé matière à sourire lorsque je t'ai entendu affirmer, à la manière d'un ordinateur: «C'est-maintenant-le-temps-pour-moi-de-me-marier». Tu as déclaré que ce ne serait pas le mois prochain ou l'été prochain, mais *maintenant!* Mon indiscrétion s'est avérée plus dérangeante que ce à quoi je m'attendais. Cela m'a laissé perplexe à savoir ce que signifie vraiment le ma- riage pour toi. Je suis porté à penser que tu sens qu'il te faut te marier maintenant, car tous tes amis le font; le mariage est en vogue et tu te dis que tu peux très bien faire le plongeon toi aussi.

Eh bien, Martin Luther disait qu'il n'existait pas une relation plus charmante, agréable, amicale, une plus belle communion qu'un bon mariage. Je suis d'accord. Cependant, cela doit être considéré comme une affaire terriblement sérieuse! Même si le mariage *est*, dans un sens, avant tout l'attirance de forces de la nature, *le lien profond* est ce qui compte ultimement, mais ce lien se forme en son temps. Il ne se programme pas comme un ordinateur; cela ne se *fait* pas automatiquement.

La punition pour ne pas avoir réfléchi avec suffisamment de soin au mariage, pour ne pas l'avoir considéré assez sérieusement comme étant une part importante de ta vie, est le divorce: des émotions déchirantes, et très souvent, un compte en banque très dégarni. Les tiraillements émotionnels se greffent habituellement autour d'un syndrome d'échec qu'une personne traîne avec elle suite à la rupture d'un mariage — ce syndrome s'aggrave d'autant plus lorsque des enfants sont concernés. Tu n'as pas encore expérimenté l'amour d'un père pour ses enfants. Même si malheureusement maris et femmes voient leur amour s'effriter beaucoup trop souvent, un père conserve en général toujours le même amour pour ses enfants. La séparation dans un mariage occasionne inévitablement des angoisses dévastatrices.

Vu sous l'angle des affaires, le fait le plus terre à terre concernant le mariage est qu'il est l'investissement le plus important face auquel tu prendras des engagements. C'est le plus important sur deux fronts: un bon mariage peut t'aider à ce point dans la vie que sa valeur est inestimable; un mauvais mariage te coûtera habituellement les yeux de la tête. Pour te sortir d'un mauvais mariage cela peut te ravir jusqu'à la moitié de ta fortune, et souvent, les paiements successifs d'une pension alimentaire pendant plusieurs années.

Une attitude beaucoup trop désinvolte prévaut de nos jours parmi les jeunes gens. Nous entendons trop souvent dire: «Si cela ne fonctionne pas, nous prendrons chacun notre côté». Qu'il est triste de voir un sujet aussi sérieux et merveilleux être traité aussi cavalièrement. Qu'il est dommage d'observer l'inutile angoisse que cela fait naître dans son sillage.

Il existe certaines personnes qui, pour toutes sortes de raisons, n'ont qu'une fois dans leur vie la chance de se marier et la saisissent. Je crois que certains de nos meilleurs mariages sont le résultat de telles prémices. Pourquoi? Parce qu'en général, dans de telles unions, ce n'est pas seulement une affaire de sentiments mutuels, mais s'y ajoute un engagement ferme à faire du mariage une vraie réussite. Puis, vient ta catégorie. Heureusement pour toi, tu as eu le *choix* de ta «dame» grâce à ton gentil caractère, à ta personnalité très plaisante; et parce que tu ressembles à ton vieux père! Si tu uses adroitement de tous ces atouts, tu devrais être doté d'une excellente chance de faire un judicieux investissement dans cette entreprise maritale.

Cet «investissement» devrait être assorti de quelles qualités? Eh bien, étant donné que tu as cherché à connaître mon opinion (du moins, je pense), la voici: tu devrais choisir une personne possédant une personnalité chaleureuse et aimante; observe si elle est encline à des tendances envieuses ou mesquines, car cela peut créer des ravages plus tard; une nature de commère est à éviter; un tempérament cupide, à fuir comme la peste.

Comme tu vas passer le reste de ta vie à regarder cette gente dame, j'espère, par égard pour toi, qu'elle possède un joli visage. Même si en vérité la beauté est superficielle, il est plutôt agréable de l'admirer chaque matin lorsqu'elle est jointe à celle de l'esprit.

Si en plus elle est intelligente, je te conseillerais d'y réfléchir très sérieusement, surtout si elle possède de bonnes manières, du goût pour se vêtir, de la conversation, et si par-dessus tout, elle a la capacité en tant que réelle partenaire de donner et de prendre en *accord* avec toi. Tu pourrais choisir ta partenaire en te basant seulement sur sa personnalité pétillante ou son éblouissante beauté, mais tes amis espéreront d'autres qualités telles que l'intelligence et l'intégrité: en d'autres mots, qu'elle ait *de la classe.*

S'il t'arrive de faire un excellent investissement de ton mariage, cela peut t'emporter vers les sommets plus rapidement que n'importe quoi d'autre. Rien ne peut améliorer davantage ta propre valeur dans ce monde que d'avoir à t'efforcer pour te maintenir au niveau d'une excellente épouse.

Il existe bien sûr d'autres considérations telles que: Est-elle active? (non paresseuse); propre? (la vaisselle sale n'est pas continuellement empilée dans l'évier); a-t-elle de l'humour? (c'est là toute une prime!). Cependant, si elle est attirante, intelligente et se présente bien, tu dois sûrement comprendre que tu ne peux pas tout avoir — tu peux donc tolérer quelques faiblesses. Mais si ces trois grandes qualités sont là, votre avenir semble avoir une bonne chance de survie ensemble si vous résolvez avec amour et respect les crises inévitables que vous aurez à affronter — et si le mot *séparation* ne fait pas partie de votre vocabulaire et n'est pas inscrit dans votre cœur.

T'arrive-t-il de regarder les épouses de certains de tes amis et de te dire: «Cette personne aurait pu être un bon investissement pour moi». Si tu as déjà pensé ainsi, je te conseille de ne pas trop voir ces gens, car tu n'as pas besoin de ce genre de problème. Découvre par toi-même ta propre compagne idéale. Analyse soigneusement tes goûts pour déterminer tes préférences — et essaie de t'assurer que tu ne rates pas un meilleur investissement avant de te fixer définitivement. Et comme dit le proverbe: «Garde les yeux grands ouverts avant le mariage, et à moitié fermés après».

À ce propos, si au cours de ta quête tu découvres une vraie merveille, n'oublie pas que: «Un cœur chancelant ne se gagne jamais la femme de ses rêves». Courtise ta dulcinée en suivant un plan soigneusement établi, aussi bien dans ta tête que dans ton cœur. Ce dernier, lorsqu'on ne le tient pas en bride, peut vous jouer toutes sortes de tours singuliers. Tu peux te retrouver soudain muet de timidité, renversant ta soupe, butant contre des choses aux pires moments, ou perdant l'appétit sans raison. Tiens donc la bride sur ton cœur si tu peux, du moins jusqu'à ce que tu saches à quoi t'en tenir sur les sentiments de l'autre.

Les femmes aiment un homme prévenant. Garde cela ancré dans ton esprit lorsque cette *très* spéciale personne se présentera, si tu souhaites la revoir à nouveau après la première rencontre. Si tu maintiens cette prévenance pendant les 50 prochaines années ou presque avec la femme que tu auras choisie, cela aidera considérablement dans toutes les circonstances.

Une fois que ta décision concernant ton «nouvel investissement» sera prise, le fait de dresser un bilan et d'y allouer avec soin une période de temps pour la famille et une pour les affaires dans des proportions équilibrées s'avérera très bénéfique. Assigner trop de temps à l'une ou l'autre de ces catégories peut être malsain. Et sois particulièrement vigilant pour que le côté affaires ne l'emporte pas sur le côté familial, immédiatement après la lune de miel. La chasse au tout-puissant dollar est notre affaire, mais si nous ne pouvons pas mettre du pain sur la table en nous y consacrant de 8 h à 18 h, 5 jours par semaine, nous ne sommes pas à notre place. Qui voudrait passer toute une vie avec un être et lui écrire l'épitaphe suivante que John Dryden a un jour rédigé:

«Ci-gît, ma femme, laissez-la reposer!
Elle repose en paix, et moi aussi.»

Si tu essaies de te conformer à l'ensemble des conseils que je viens de te prodiguer, et si tu as le Seigneur et bien de la chance de ton côté, les probabilités sont grandes de te voir réussir un heureux mariage. Ce qui est, malheureusement, une denrée rare de nos jours.

Amour,

Cupidon

L'agrandissement d'une entreprise

Le fils souhaite lancer l'entreprise dans un agrandissement majeur. Ne possédant qu'une expérience très limitée dans le monde des affaires, il a escamoté certains faits saillants de grande importance. Le père tente de mettre en lumière ces points.

Cher fils,

J'ai lu avec grand intérêt tes plans pour agrandir notre compagnie de 75 % d'un seul coup. Pour quelqu'un qui ne possède que 3 ans d'expérience dans cette industrie, tu génères à coup sûr de bien grands plans qui scintillent. Ta créativité a tracé pour notre compagnie une route très ambitieuse devant nous, mais je suis perplexe à comprendre pourquoi. Qu'est-ce qui a déclenché toute cette perspective d'expansion alors que nous ne fonctionnons même pas à pleine capacité; nous n'étions récemment qu'à 80-90 % de notre capacité de rendement? Normalement, une compagnie peut grimper jusqu'à 120 % de sa capacité régulière dans une entreprise comme la nôtre, sans pour autant ressentir le besoin imminent de s'agrandir. Pourtant, à moins que ma mémoire ne soit défaillante, tes efforts de vente ont mis à l'épreuve notre capacité de production que deux fois dans cette mesure.

La première assertion de ta thèse est que notre compétiteur obtient beaucoup plus de commandes importantes que nous; d'abord parce qu'il possède l'équipement que nous n'avons pas pour traiter un tel volume. C'est un point intéressant. Je sais certaines choses à propos de notre compétiteur et où il se situe. Premièrement, son entreprise est très différente de la nôtre, en ceci qu'elle offre plusieurs services majeurs que nous n'offrons pas. Nous ne le faisons pas parce que je n'ai jamais cru bon d'entrer dans certains domaines de l'emballage que je considère plutôt troubles. Les commandes importantes doivent être remplacées par d'autres commandes importantes — et dans cette spécialité particulière, je n'envie pas l'investissement en matériel de ce compétiteur. Le marché actuel a récemment montré des indications significatives selon lesquelles cette forme particulière d'emballage est en perte de vitesse dans la faveur populaire — de plus, aucune tendance à la hausse ne peut être espérée par notre compétiteur même si, pour le moment présent, un très bon volume est quand même maintenu. Vérifie d'un peu plus près les types d'emballage dans lesquels la plupart de nos clients lancent leurs nouveaux produits; tu découvriras qu'il y en a trois sur lesquels nous pouvons soumissionner, pour un seul sur lequel nous ne pouvons pas. Ce n'est pas une mauvaise proportion.

Depuis quelques années, l'expansion de notre entreprise s'est faite à un rythme de 30 % par année. Nous avons été, à mon humble avis, aussi avides que nous pouvions l'être. Un bon homme d'affaires a besoin, jusqu'à un certain point, d'une certaine tendance à l'avidité pour garder tout son mordant, mais il n'existe pas de plus grand et de plus triste désastre d'affaires que de se lancer dans l'arène des super voraces.

Nous ne pourrions jamais être capables d'élargir les charges de notre entreprise à une allure plus rapide qu'en ce moment pour toute une gamme de raisons; et avant que tu ne penses que je suis ultra conservateur ou froussard sur ce sujet, je veux que tu considères mes problèmes actuels en ma qualité de président. Selon notre taux courant de croissance, l'achat de nouveaux équipements et l'agrandissement de l'usine absorbent pratiquement chaque cent de profits après impôts, aussi bien que les sommes que j'ai pu soutirer au gérant de banque. Considérant que notre dette bancaire augmente chaque année, nous n'avons pas tout à fait le vent dans les voiles. Le remboursement de cet argent emprunté additionné aux intérêts requerra quelques années de travail; donc, s'il vous plaît, ne vous reposez pas sur vos lauriers dans le département du marketing.

Lorsque nous aurons réglé l'obstacle financier d'être capables de générer suffisamment d'argent pour couvrir nos dettes d'investissement, viendra ensuite le problème de former de nouvelles personnes pour s'assurer que les produits que nous fabriquons soient constamment de première qualité — comme tout ce que nous produisons. Tu te rappelleras sans aucun doute la conversation que nous avons eue ensemble le premier jour où tu t'es joint à notre compagnie. Lors de cet échange, j'ai fait ressortir que le secret de notre réussite jusqu'à présent était attribuable à bon nombre de raisons, mais pour moi la principale raison était notre insistance quant à la haute qualité et l'habileté professionnelles. Ce n'est pas tout d'acheter plus d'espace et de faire entrer d'autres équipements. Il te faut également les mécaniciens, les contremaîtres et un personnel efficace pour *travailler* sur ces nouveaux appareils. Si tu ne tiens pas compte de tous ces facteurs, tu vas me faire perdre ma chemise et la tienne en l'espace de six mois!

Nous avons augmenté notre personnel de 15 % l'an passé et la plupart de ces nouveaux étaient aussi verts (inexpérimentés) que ta pelouse le 15 juin. Dans notre industrie, le personnel d'expérience est difficile à obtenir, et je ne peux pas faire autrement que d'être soupçonneux à propos de n'importe quel individu qui nous approche en disant qu'il veut quitter l'un de nos compétiteurs pour telle ou telle raison. Si nos compétiteurs dirigeaient des usines où les ouvriers sont exploités, il y aurait bien plus qu'une personne de temps à autre à venir frapper à notre porte pour de l'emploi. Non, mon instinct me dit que cet individu ne correspond tout simplement pas aux exigences de notre compétiteur pour une raison ou une autre; mais de toute façon, je préfère former notre propre personnel, selon nos propres méthodes, à partir de zéro. Il est difficile d'enseigner de nouveaux trucs à un vieux chien. Et ça coûte cher.

Il existe certains hommes d'affaires qui s'en tiennent à une théorie qui peut paraître plutôt négative dans notre monde d'aujourd'hui, où il est de mise de toujours construire mieux et plus grand. Cette théorie est la suivante: Une fois que vous avez développé une entreprise jusqu'à un point de réussite au niveau des profits, vous avez alors manifestement surmonté les principaux obstacles qui consistent à couvrir les coûts rattachés à votre dette et à faire face à toutes les angoisses qu'accompagne la création d'une entreprise; vous avez donc passé au travers de la période la plus difficile et la plus risquée — alors que la perte d'un important client, celle d'un employé clé, ou le rejet d'un lot de votre production auraient pu «liquider» votre entreprise. Ce n'est donc pas maintenant que vous allez changer d'avis. Vous n'agrandirez pas, car il est très rassurant de rester sur ses acquis, de se sentir en sécurité et de se contenter du fait que votre entreprise se situe maintenant à un niveau où elle peut survivre à un ou deux coups durs susmentionnés.

Il faut tenir tenir compte qu'à chaque fois que nous entreprenons un agrandissement majeur, c'est presque comme si nous recommencions de zéro. Il vous faut alors atteindre le chiffre d'affaires supplémentaire requis et le conserver. Puis, ce chiffre d'affaires doit générer beaucoup de profits pour financer l'agrandissement — et tous les comprimés pour les maux de tête que la direction aura sans aucun doute besoin de prendre en cours de route.

Certains hommes d'affaires choisissent d'adhérer au principe d'une croissance continue à un rythme qui ne place jamais la compagnie dans une situation risquée. Cela requiert de tenir la bride à ton ambition — en y ajoutant mon leitmotiv: «Il ne faut pas devenir trop avides».

Cela te surprendrait-il d'apprendre que certaines personnes ont éprouvé tellement de malchances qu'elles ont perdu leur entreprise à cause d'une expansion. Cela arrive. Très peu ont eu le courage, la patience et les ressources nécessaires pour rebâtir à partir de zéro; très certainement à cause de prêteurs devenus soupçonneux du bon jugement d'affaires de l'infortuné entrepreneur. «Quand on vous a mordu une fois, on devient deux fois plus méfiant».

Je crois qu'il serait prudent de s'en tenir à ce que nous savons et de bâtir à un rythme rassurant pour nous et pour notre gérant de banque. Je suis quelque peu terrifié, et tu dois admettre qu'on ne me terrifie pas facilement, à l'idée d'entreprendre une expansion majeure simplement pour soumissionner dans un secteur qu'occupe notre compétiteur. Il est en concurrence dans le même domaine que nous, mais nous n'entrons pas en compétition avec lui en ce qui a trait à sa spécialité. En fait, notre spécialité devrait arracher aux vendeurs de ce compétiteur certaines commandes que notre firme peut déjà remplir.

Pourquoi n'élargirais-tu pas tes idées de marketing en ce sens? J'accroîtrai avec joie mes propres heures de travail et mes efforts pour assurer les dates de livraison de toutes les nouvelles affaires que tu décrocheras. Nous allons également garantir notre habituelle haute qualité pour que tous tes nouveaux clients continuent de nous revenir. Comme je l'ai dit plus tôt, nous ne fonctionnons qu'à 80-90 % de notre capacité. Nous pourrions donc assumer ce surplus de travail.

Et continue de me faire parvenir tes idées! Sans elles, notre pensée se lézarderait, se dessécherait. Et soit dit en passant, je n'ai aucune objection à ce que tu conduises ce train à 200 km/h; je veux seulement m'assurer que la voie est libre. Un déraillement peut occasionner un affreux désastre!

Amour,

Le froussard

L'argent

Le fils a porté au compte de la compagnie d'importantes factures et le père s'inquiète à savoir si cet argent a été utilisé à bon escient. Il est quelque peu perplexe à propos du sens des valeurs monétaires de son fils et il se demande si toutes ces dépenses sont vraiment essentielles au bien-être de la compagnie.

Cher fils,

Notre expert-comptable m'a demandé récemment d'autoriser certaines factures qui m'ont fait froncer les sourcils et écarquiller les yeux. J'ai l'impression que tes frais de représentation ont servi à entretenir la royauté, pourtant, je sais que nous ne possédons pas le moindre investissement dans un quelconque château. Il est également bien possible que certains de tes invités *se considèrent* comme faisant partie de la royauté et commandent, pour cette raison, de bien belles soirées en ville. Pourtant, tout sarcasme mis à part, ce qui m'intéresse le plus, c'est de savoir si tu as développé cette touche de *dépenses royales* par toi-même.

Tu possèdes un certain nombre de talents admirables (à part notre argent) avec lesquels tu peux impressionner les gens: les clients ou les amis; mais si tu nourris la pensée d'essayer d'améliorer l'image que Dieu t'a donné en devenant un *dépensier des grandes ligues*, tu ferais mieux de continuer à me lire.

Il existe deux façons d'employer notre argent: l'investir dans notre entreprise et voir à ce qu'il rapporte, et le dépenser pour se donner un peu de bonheur; peu importe que cela représente un joli meuble qu'on ne se lasse pas de regarder au fil des années, ou même une gueule de bois après certaines libations. Ce qui n'est pas un bon usage de notre argent, et me perturberait le plus, serait de le dépenser pour essayer *d'impressionner* les gens.

Les premières impressions sont importantes, et pour un nouveau client, il est plutôt plaisant de s'en faire mettre plein les yeux dans un chic restaurant. Cependant, une fois que notre client a visité nos installations et que tu lui as offert ce repas à 100 $, tu devrais alors être en terrain suffisamment solide pour pouvoir parler affaires avec lui. Tu ne peux pas continuer de te vider les poches (et les miennes) à chaque fois que tu dois le rencontrer.

Il te faut considérer ce qui suit: Si tu donnes à nos clients l'impression que tu es un grand dépensier, tu risques d'en rebuter plusieurs. Il ne peut pas faire autrement que de leur venir à l'idée que ce que tu dépenses, ce sont les profits des affaires *qu'ils* nous ont confiées; et si ces dépenses sont somptueuses plus que de raison, ils ne seront pas sans penser que nos prix sont peut-être trop élevés. Ce ne sera alors plus bien long pour qu'ils considèrent avec plus d'attention les vertus de notre compétiteur — et une bataille de chiens et de chats pour que tu réussisses à conserver leur clientèle s'ensuivra peu après.

Il est important d'avoir l'air prospère, mais pas exagérément ou comme un insensé qui gaspille de l'argent. Pour les hommes d'affaires, ce qui compte, c'est de faire de l'argent, c'est même une obsession pour plusieurs d'entre nous. Mais quel que soit le nombre de millions que nous accumulons, celui qui les dilapide est considéré comme un fou; quelqu'un avec qui personne ne souhaite faire des affaires. Tu as probablement déjà entendu le vieil adage: «Un fou et son argent se séparent rapidement». C'est très pertinent.

Tu n'as pas connu jusqu'à présent ce que je considère être l'un des nombreux bienfaits de ma vie, le fait d'avoir été pauvre. Je suis né ainsi et j'ai réussi à survivre pendant un nombre considérable d'années, sans même un pot pour faire ce que tu sais, et à peine une fenêtre pour jeter le tout lorsqu'il m'arrivait d'en avoir un. Cependant, au cours de ces années, il y avait dans ma ville un million-naire particulièrement remarquable et c'est en l'observant que je fus tout à fait impressionné. J'aimais tout ce que je voyais de lui: sa maison, son automobile, ses vêtements et le fait qu'il se trouvait toujours en tête de liste des donateurs pour les levées de fonds des œuvres charitables de notre ville. Plus je grandissais, plus je l'observais de près, et je commençai alors à entendre certaines choses sur son compte, surtout sur sa façon de gagner son argent. J'entendis dire qu'il était un employeur plutôt difficile, très exigeant et il utilisait au maximum chaque sou d'un billet de 10 $. Plusieurs personnes disaient de lui qu'il était pingre et avare, mais en y repensant bien aujour-d'hui, je me rends compte que tout cela était inexact. Ceux qui le traitaient de tous les noms n'étaient qu'envieux de son succès — vivant dans leurs pays imaginaires et rêvant de la façon *qu'ils* dépenseraient cet argent s'ils la possé-daient. Ma mère avait coutume de dire: «Prends bien soin des sous et les dollars s'arrangeront tout seuls». Ce mil-lionnaire connaissait sûrement ma mère, car c'est exacte-ment ce qu'il faisait.

Mais je peux t'affirmer que dans cette ville, cet homme vivait comme dans un bocal en verre. Tout ce qu'il faisait était l'affaire de tout le monde. Ses allées et venues étaient le principal sujet de conversation; toutes les commères locales passaient au peigne fin tous ses faits et gestes et en rajoutaient. Mais je remarquai aux événements paroissiaux combien ces mêmes personnes étaient obséquieuses et serviles envers lui — toutes souriaient et le complimentaient sur ce qu'il faisait, sur son allure, et comme il était un grand homme d'affaires florissant. Il ne se laissait pas prendre au jeu un seul instant. Il acceptait gracieusement ces louanges, remerciait chacun pour leurs remarques obligeantes, et à son tour, il leur faisait des compliments à propos de leurs chapeaux, de leurs moustaches ou de la bonne nourriture servie. Il connaissait exactement le genre de commentaires et d'effronteries que son argent provoquait derrière son dos; et cela lui glissait comme sur le dos d'un canard. Il repartait travailler le lundi matin, prenait son courage à deux mains et accumulait un peu plus d'argent.

La morale de cette histoire? Posséder de l'argent peut s'avérer une arme à deux tranchants. Cela peut vous entourer de faux amis et vous noyer dans une mer de compliments sans réel fondement. J'ai connu la plupart de mes amis avant même d'avoir vraiment fait de l'argent, je n'ai donc nullement besoin de faire attention à mes propres paroles comme toi tu le devrais puisque tu es né avec une cuiller d'argent dans la bouche. Méfie-toi des étrangers ou des *amis* qui t'offrent le fallacieux présent de leurs paroles creuses.

Pour une bonne part, la nature humaine (du moins un grand nombre d'entre nous) est attirée par quelqu'un qui possède de l'argent et désire en devenir l'ami — comme si cela en soi procurait une certaine forme de sécurité. Certaines personnes voudront être considérées comme faisant partie de ton groupe d'amis; certaines seront sincères, d'autres non. Tu ferais mieux d'être carrément sur tes gardes concernant ceux qui se meurent d'envie de faire partie de ton cercle d'amis, seulement à cause de l'argent de ta famille. D'un autre côté, tu serais bien avisé de ne pas laisser échapper le genre de personne honnête, réaliste, qui a tendance à se retirer et à conserver une certaine distance face à toi, tellement elle craint que tu interprètes mal l'offre sincère de son amitié — allant même jusqu'à s'empêcher de te faire parvenir une invitation pour un événement auquel elle aurait aimé que tu assistes peut-être autant que toi, s'il n'y avait pas eu cette réserve entre elle et toi. De telles personnes sont précieuses et dignes d'estime. Assure-toi de les placer sur tes listes d'invitations *en premier* pour que de cette façon elles se sentent à l'aise de t'inviter en retour. Elles ressentent pour toi un respect mêlé de crainte. Je ne saurai jamais vraiment pourquoi; sauf que c'est toujours la bonne vieille nature humaine et le bon vieil argent à nouveau à l'œuvre.

À ce propos, l'une des façons infaillibles de perdre un ami, c'est d'accepter de lui prêter de l'argent. C'est à proscrire. D'un autre côté, si tu entends parler des difficultés financières d'un ami proche et que tu sens qu'il aurait besoin d'une aide quelconque, offre-lui. Ceux à qui tu *proposes* ton aide par un prêt sont habituellement ceux qui vont te le remettre et demeurer tes amis. Il est inévitable que tu perdras les amis qui te demanderont de leur prêter de l'argent et à qui tu refuseras. Il existe des banques pour ce genre de service. Et si tu penses que cela ressemble à une drôle de mesure pour évaluer la qualité de tes amitiés, tu as raison, ça l'est. Elle a pourtant bien fonctionné depuis des siècles.

Tu dois sûrement savoir maintenant que l'argent ne fait pas l'homme. Je pense que c'est Thémistocle, environ 500 ans avant Jésus-Christ qui, lorsque deux soupirants — l'un pauvre, l'autre riche — demandèrent la main de sa fille, choisit l'homme pauvre plutôt que le riche, car il était l'homme qu'il lui fallait. C'était bien penser. Il a choisi un homme sans argent plutôt que de l'argent sans l'homme.

J'éprouve une certaine fierté — toute petite, je t'assure — d'avoir bâti nos entreprises à partir de zéro et de les avoir fait prospérer. Étant donné que tu t'es joint à nous alors qu'elles étaient déjà en plein essor, ta fierté te viendra de la croissance et des améliorations que tu leur apporteras.

S'il t'arrivait de te prendre pour une personne on ne peut plus importante, j'espère que ce sera attribuable au fait que tu auras ajouté une nouvelle dimension à nos entreprises — sinon j'aurai une bonne raison de t'assener un magistral coup sur la poitrine pour la ramener à la taille d'une personne normale. Cela ne veut pas dire que tu devrais te priver de toutes les occasions de pavoiser quelque peu après une ou deux réussites. Fais-le donc *calmement* avec un ou deux de tes amis proches. De cette façon, si la situation se renverse, tu n'auras à parler de tes échecs qu'à ces quelques amis. Si tu ne t'es pas vanté au monde de tes succès, tu ne lui dois pas non plus l'aveu de tes échecs.

Comme je l'ai mentionné précédemment, bien des gens envient ceux qui possèdent de l'argent. J'en sais quelque chose, car j'ai été riche et j'ai été pauvre; et je voudrais te dire que c'est préférable d'être riche. On est également davantage seul, et il est plus difficile de conserver ses véritables amis ou de s'en faire des nouveaux honnêtes et loyaux.

L'argent est un sujet très personnel, garde-le donc ainsi. Lorsqu'on s'en sert à bon escient, cela peut certainement entraîner une amélioration de la qualité de vie, car l'argent est un moyen de parcourir le monde, de voir et de posséder plusieurs des choses les plus merveilleuses et précieuses ici-bas.

Un homme intelligent peut devenir riche, mais plusieurs deviennent riches et insensés (ou ce sont leurs femmes). C'est pourquoi tu entendras parfois parler de celui-ci ou de celui-là qui a déjà eu de l'argent, mais qui a tout perdu — habituellement à cause de mauvais investissements ou parce qu'il a tout dépensé sans réfléchir une seconde *à demain*.

Je ne sais pas pourquoi je vais te mentionner le point suivant puisque tu n'as certainement jamais témoigné d'une propension en ce sens: L'argent existe pour en profiter et non pas pour être caché comme le trésor de quelque avare. Et si on en dépense une portion raisonnable pour être heureux, ne commence pas à t'en inquiéter (comme ta mère le fait parfois), car personne n'a à se souvenir ou à tenir un compte de chaque sou qu'il a dépensé dans sa vie.

Par respect pour nos entreprises, il existe quelques règles d'importance capitale qu'il faut avoir à l'esprit avant tout autre chose. Le premier dollar que tu fais est semblable à une graine. Bien plantée, et avec un peu d'aide du Seigneur, elle grandira, et l'année suivante, il se peut que tu récoltes deux dollars. Souviens-toi, la route est très longue jusqu'au premier 100 000 $: beaucoup plus long et difficile de s'y rendre qu'à son second million.

Tout comme la graine, l'argent croît aussi. Il en est de même pour ton crédit, et pour certains projets justifiés, nous avons besoin que notre marge de crédit soit à son maximum, si nous voulons progresser rapidement. Il est difficile d'emprunter un dollar lorsque vous n'en possédez qu'un; il est relativement facile lorsque vous possédez un million d'en emprunter un autre lorsque c'est nécessaire pour ces transactions plus importantes ou pour des installations et des équipements plus efficaces. Et ce, pour en arriver finalement à augmenter les profits et les salaires des employés en bout de ligne.

Faire de l'argent est un lent processus; le perdre peut se produire assez rapidement pour vous étourdir. C'est pourquoi, une fois que tu as trouvé la bonne manière de faire des dollars, ne te mets pas à jouer avec ta recette gagnante seulement pour l'amour de la variété ou du changement. Les voies du succès sont peu nombreuses et elles sont espacées. Une fois que tu as trouvé une route prospère, reste dessus. Il me semble que plusieurs parmi ceux qui réussissent à faire de l'argent dans une entreprise particulière, ont tendance à se considérer eux-mêmes comme une sorte de génie, et puis, ils se lancent dans des domaines d'avant-garde, dans des types d'entreprises complètement différentes des leurs, pour finir trop souvent par tout perdre ce qu'ils ont acquis avec leur première entreprise. Cela est surtout causé par l'ennui que leur inspirait leur première entreprise ou par une vision trop irréaliste de leur rôle d'entrepreneur,

Si tu dépenses notre argent à un rythme accéléré parce que tu sens que nous en accumulons trop, ai-je besoin de te signaler que je connais quelques personnes qui en auraient besoin? Je pense également à quelques hôpitaux qui nous ont remis sur pied. Je ne voudrais pas que tu aies l'impression de te *noyer* dans une mer de dollars — même si actuellement cela ressemble beaucoup plus à une mer de factures, si l'on considère tes frais de représentation du dernier mois.

Je ne suis pas d'accord avec ce que dit Timothée dans la Bible:

«L'amour de l'argent est la racine de tout mal», pas plus qu'avec l'Ecclésiaste (10,19): «Pour se divertir, on fait un repas, et le vin réjouit la vie et l'argent répond à tout». Quelque part entre ces deux citations il y a place pour le *bon sens*, la gentillesse, le dur labeur, la joie de vivre et les bons moments: tous des éléments cadrant très bien avec le fait de gagner de l'argent. J'espère que tes gènes te fournissent matière à réfléchir à propos de chacun de ces éléments lorsque tu dépenses.

Lorsque tu assisteras à tes prochains dîners, réceptions ou réunions, soigne convenablement ta réputation, aie-la bien à l'œil, car elle a beaucoup plus de valeur que n'importe quelle somme d'argent. Pratique un heureux équilibre en ce qui a trait à ton portefeuille personnel, et l'art subtil de bien gérer le portefeuille de la compagnie. La gloire et l'argent peuvent n'être que des moments éphémères dans la vie de quelqu'un; la vérité et une honnête réputation sont les assises d'une vie *de grande valeur*. Personne n'a jamais pu acheter les ultimes trésors que représentent une bonne famille, une excellente santé, de vrais amis, des employés loyaux, un amour authentique ou un réel respect.

Financièrement à toi,

Ton père

Comment parler en public

L'université dont il est issu a demandé au fils de parler devant un groupe d'étudiants en affaires, ce qu'il accepte très volontiers. Puis, la perspective de devoir parler devant un grand nombre de personnes lui crée tout un effet. Il est tout à fait effrayé rien que d'y penser.

Cher fils,

Ce fut une nouvelle passionnante d'apprendre qu'un de tes anciens professeurs t'a demandé de t'adresser à ses étudiants de dernière année à propos de tes débuts dans le monde des affaires. Il a dû penser beaucoup de bien de toi à l'époque de l'université (même si je dois avouer que tes notes d'alors ne me permettaient pas d'en faire autant). De toute façon tu en es là, tu as dû bomber le torse de fierté et perdre trois boutons de ta veste lorsque qu'on t'a demandé ce service, et avec raison; mais maintenant tu reviens quelque peu sur ta décision et tu as peur de ne pas disposer de suffisamment de moyens pour te mesurer à ce grand honneur.

Ce que sont aujourd'hui tes observations sur le monde des affaires, par comparaison à ce qu'elles étaient lorsque tu fréquentais l'université, voilà un sujet à propos duquel je ne peux pas t'être d'une grande aide. Ces pensées-là n'appartiennent qu'à toi. (Ma seule supposition sur leur contenu serait que tu pourrais dire à ton auditoire que tu n'as jamais pensé que tu aurais à travailler un jour pour une personne impitoyable comme ton père. Si tu disais cela, rappelle-toi alors que le monde des affaires est *rempli* de gens impitoyables. On les appelle les *patrons* — un terme que l'on n'emploie pas beaucoup dans les milieux universitaires.

À quel point tu vas réussir à bien parler en public, cela reste une inconnue, mais nous savons assurément certaines autres choses. Par exemple, nous savons que tu possèdes le premier élément de base, une bouche; le second, l'intelligence (du moins aux dernières nouvelles); et troisièmement, deux pieds sur lesquels te tenir.

Parlons premièrement de la bouche. La façon de projeter les mots hors de la bouche est très importante. Pratique ton articulation pour pouvoir prononcer assez distinctement tes mots pour qu'ainsi les gens comprennent *facilement* ce que tu dis. Je me suis souvent assis devant des orateurs dont le sujet était on ne peut plus brillant et j'en ai *perdu* la plus grande partie pour la simple raison que je ne pouvais pas comprendre bon nombre de mots ou d'expressions. Le manque d'une bonne diction, d'une articulation claire ou d'un volume suffisant de la voix dénature, chez certains orateurs, l'essentiel de ce qu'ils ont à dire, étant donné la quasi-impossibilité dans laquelle nous sommes de pouvoir bien saisir leurs messages.

Prépare ton allocution *tout de suite*, car de la pratiquer te prendra beaucoup plus de temps encore. Commence cette étape en lisant ton allocution à haute voix et demande à quelqu'un d'écouter et de te dire quels sont les mots qui ne sont pas prononcés assez distinctement. Si ta langue bute sur certains mots, change-les pour des mots qui te viennent plus facilement en bouche. Après avoir

poli ton allocution et ta diction au meileur de tes capacités, pratique-toi à te tenir derrière un lutrin (la commode
fera l'affaire), en face d'un microphone. (Utilise n'importe
quoi pour simuler cet instrument, mais assure-toi qu'il
n'est pas à plus de 15 cm de ta bouche). Livre alors ton
discours devant un miroir et exerce-toi à ne pas éloigner
ta bouche de plus de 15 cm ou 20 cm du micro — sinon ta
voix va passer du volume d'un puissant rock and roll à la
douceur d'un «Sainte Nuit» à la manière d'un yo-yo et les
gens vont trouver très difficile de suivre ce que tu dis. Que
ton poids reste bien réparti sur chacune de tes jambes, et
n'oscille pas de droite à gauche ou d'arrière en avant, car
cela distraira ton auditoire de ton allocution — de laquelle
(étant donné tout son dynamisme) ton auditoire ne voudra pas perdre un seul mot.

Les authentiques grands orateurs possèdent une autre corde à leur arc: la technique de respiration. Respire
profondément et énonce des phrases complètes ou les
portions entières de phrases plus longues *d'un seul souffle*.
Jamais, je le répète au grand *jamais*, tu ne dois commencer
une phrase à la moitié de ta respiration, et être ensuite à
bout de souffle au beau milieu d'un mot ou d'une prépo-
sition qui ajoute au sens. Cela occasionne un affreux débit.
C'est l'art le plus difficile à maîtriser pour celui qui est
intéressé à devenir un bon orateur public et il requiert une
pratique constante — de préférence devant des gens. Il est
bien sûr vital de pratiquer à la maison, mais cela équivaut
difficilement à la «vraie chose», étant donné que (à moins
que tu ne sois différent de la plupart des êtres humains
normaux), au début de ton allocution publique, tu te
sentiras très nerveux à l'idée d'affronter et de t'adresser
à une foule de personnes. Mais ne t'inquiète pas. La plus
grande partie de cette nervosité disparaît avec l'expérience. Entre-temps, fais simplement l'effort concerté
d'essayer de contrôler suffisamment tes nerfs pour te
permettre de *respirer librement*. J'ai eu toutes les peines du

monde à parvenir à cela au début; je trouvais que c'était embarrassant et que ça ne faisait pas très professionnel. C'est quelque chose que tu n'expérimenteras peut-être pas. Si cela t'arrivait, tout ce que je peux te dire, c'est qu'à chaque fois ça devient de plus en plus facile.

L'un de tes meilleurs paris serait peut-être de te joindre à Toastmasters, un groupe dont la raison d'existence est de se dévouer à la pratique de l'art oratoire. C'est sûrement le meilleur type de formation que tu pourrais obtenir, car elle comporte, pour la plus grande part, de l'expérience pratique pour parler devant un groupe de personnes — qui se trouvent être, pour l'occasion, les autres participants au groupe; et qui sont là pour les mêmes raisons que toi: pour apprendre, pratiquer, et parfaire leur façon de parler en public. J'ai appris, par certains des adeptes de ces cours que ce n'est que grâce à ce public improvisé qu'ils ont pu conquérir leurs peurs et ne pas se sentir gênés sur le podium de l'orateur.

Tu dois probablement te demander comme tout le monde pourquoi on devient si nerveux avant de parler en public. Puisque cela arrive aux meilleurs d'entre nous, peut-être que cela se produit pour nous rappeler à quel point nous sommes terriblement humains. Mais quelle que soit la raison, il faut s'y attendre. Après tout, vous êtes soudainement projeté sur un podium avec un microphone devant le visage, un réflecteur tourné vers vous, et vous seul; et ajoutez à cela un rassemblement de gens qui attendent d'entendre ce que vous avez à dire. Pour la plupart d'entre nous, c'est une situation peu familière et très difficile à affronter. Mais il existe certains *trucs*.

Une façon facile de contrôler des genoux qui tremblent et un cœur qui débat est de placer fermement vos deux mains de chaque côté du lutrin. Vous serez étonné du support physique que cela procure. Un autre truc consiste à considérer tous les membres de votre auditoire comme des *amis* anxieux d'entendre ce que vous avez à dire. Après tout, même s'ils ne le sont pas, ils se sont rassemblés ensemble dans le but précis de vous entendre parler. Un autre petit truc est de vous concentrer à porter votre attention vers une seule personne à la fois tout au long de votre discours.

Toutefois, le conseil d'un de mes vieux amis est bien meilleur que n'importe quel petit truc. Tu te rendras compte que la plus grande partie de ta nervosité disparaîtra après n'avoir fait que quelques allocutions en public *si*, et c'est un «grand si», chaque fois que tu t'adresses à un auditoire, tu es sûr d'avoir bien fait tes devoirs, d'avoir rédigé un bon texte, et de posséder maintenant quelque chose de réellement valable à partager. Puis, tu n'as qu'à rester en retrait et à accepter les gracieux compliments de l'auditoire, car tu les auras vraiment *mérités*. Et une fois que tu en seras rendu là, tu sauras que tu auras franchi l'obstacle le plus important en ce qui a trait à l'art oratoire. C'est une sensation à la fois unique et plaisante de savoir que les gens veulent entendre vos propres mots, vos opinions et qu'ils veulent vous écouter raconter vos expériences. C'est l'objectif le plus enviable de n'importe quel orateur public.

Un bon conférencier ne parle jamais à son auditoire comme à un enfant; il fait tout le contraire. Il s'arrange pour que les gens se reconnaissent dans ce qu'il dit et il fait montre de respect pour l'intérêt dont ils témoignent et pour leur intelligence. Qui plus est, il accomplit ces choses dans les premiers instants de son allocution, s'assurant ainsi que l'auditoire est et sera avec lui du début à la fin.

Lorsque tu te trouveras en face de ton public, tu verras et sentiras très rapidement si tes auditeurs sont avec *toi*. Crois-moi, cela se sent très vite. Tous les yeux sont ou bien rivés sur toi et personne ne laisse échapper une toux — ou, beaucoup de gens toussent et gigotent sur leur chaise, murmurant certaines choses à d'autres ou remuant des feuilles de papier bruyamment. Nul besoin de posséder le quotient intellectuel d'un génie pour prendre conscience que tu as perdu ton auditoire. Si cela t'arrive, donne-toi un «D» au niveau de l'effort et analyse ce qui n'a pas marché.

Il n'existe pas de sensation plus grande que de sentir qu'on a livré un bon discours couronné de succès — ni une sensation pire que de se rendre compte qu'on n'a fait que «bombarder de mots» un auditoire. Quel est le critère qui différencie à coup sûr les deux? C'est bien facile. La somme de dur labeur et de préparation que tu as accordée au premier discours et non à l'autre. (Voilà bien une leçon précieuse à adapter à *toutes* les tentatives qui en valent la peine au cours de la vie).

Les plus astucieux des orateurs sont passés maîtres dans l'art *d'apprendre sur le vif* lorsqu'ils sont sur le podium, et l'une de leurs meilleures méthodes pour y parvenir se fait par le biais de périodes de questions et réponses conduites après certaines de leurs remarques. La participation de l'auditoire garde l'esprit de celui-ci et de l'orateur en éveil; cela fournit à l'orateur des retombées sur le pour et le contre concernant ses observations et un aperçu des sujets qu'il n'a pas réussi à couvrir ou qu'il n'a pas traités adéquatement. Il arrive souvent que cette participation déclenche également des interventions à l'opposé de certaines vues de l'orateur, et si ces vues s'avèrent erronées, une bonne partie de l'auditoire et lui-même en ressortent ayant appris plus de choses qu'ils n'auraient imaginé. Voilà comment ce devrait être, car je crois fermement que nul d'entre nous n'a déjà tout appris ce qu'il y a à connaître sur cette planète — et je pense souvent que d'ouvrir grandes les oreilles et de se taire reste encore la meilleure méthode d'apprentissage.

Certaines personnes cessent d'apprendre lorsqu'elles quittent définitivement l'école. Celles qui sont toujours désireuses de faire quelque chose et d'en faire *plus* lors de leur passage sur terre, terminent leur apprentissage le jour de leur mort.

Ta mère a recousu les boutons de ta veste. Ne laisse pas ta fierté les découdre à nouveau au moment où tu recevras tes premiers applaudissements.

Sincèrement,

Un membre de ton auditoire admiratif

Les comportements, la tenue et les bonnes manières

Après avoir eu des entrevues avec différents jeunes hommes pour un poste dans la vente, le fils découvre combien il est difficile de dénicher la personne qu'il faut et dont il pourrait être fier qu'elle représente la compagnie. Cette constatation semble l'étonner.

Cher fils,

Tes récentes tentatives en vue de trouver un vendeur pour notre compagnie se sont manifestement interrompues pour un certain temps. Selon toute apparence, tu es *surpris* qu'aucun des postulants ne t'ait impressionné jusqu'ici par ses qualités personnelles. Eh bien, tu es en bonne compagnie car d'habitude peu de postulants ne font impression sur moi. Rares sont les gens qui prennent le temps d'étudier les excellents principes de vie qui peuvent les rendre plus attirants pour d'autres personnes. Bien sûr, certains peuvent gagner le cœur d'une fille d'une façon ou d'une autre, ou rallier un copain à leur façon de voir, mais lorsque vient le temps de faire bonne impression sur un patron éventuel, leurs chances de réussite se réduisent la plupart du temps à zéro.

Ce manque d'habileté à projeter une image de soi favorable demeure pour moi un mystère. Si quelqu'un est disposé à investir entre quatre et six ans de sa vie dans l'apprentissage d'une profession, pourquoi ne pas s'accorder une ou deux semaines supplémentaires pour acquérir certains principes concernant l'habillement, les bonnes manières, et l'art de la conversation? Et même si nous n'avons reçu qu'une éducation scolaire très minime, pourquoi ne pas apprendre quelques-unes de ces règles fondamentales de bienséance qui pourraient aisément vous aider à trouver premièrement un emploi, puis à gravir ensuite les différents échelons de la compagnie?

Dans l'arsenal des attributs d'une personne, rien n'a plus de poids que ses connaissances, mais ses *bonnes manières* occupent la seconde place. Il ressort de mes constatations que bon nombre de gens ne se préparent qu'à moitié au monde des affaires. Même si les bonnes manières peuvent affecter grandement la carrière d'une personne, elles sont rarement considérées comme un sujet digne de quelque attention ou amélioration. William of Wykeham (1324-1404) fonda deux établissements, le Winchester College et le New College à Oxford. La devise de ses collèges était la suivante: «Les manières font l'homme». Je crois que cette devise pourrait très bien convenir à un éducateur, car le savoir et le comportement *devraient être* améliorés en même temps. Malheureusement, peu d'éducateurs enseignent les deux.

Examinons maintenant en quoi consistent exactement les bonnes manières. Ne sont-elles pas simplement des *gentillesses* envers notre entourage? Cela commence par le «merci», qui est probablement le terme de politesse le plus utilisé au monde; un autre, «il n'y a pas de quoi!», s'enchaîne automatiquement au premier. D'autre part, le «s'il vous plaît» se perd de plus en plus dans le brouhaha de nos conversations quotidiennes. Si tu comptais le nombre de fois que tu dis «s'il vous plaît» dans une journée par rapport au nombre de requêtes que tu fais à tes employés, aux téléphonistes, à des commis de magasin, ou à qui que ce soit d'autre, je te parie qu'il te faudrait accroître l'usage de cette expression des dizaines de fois. Si tu le fais, porte une attention particulière aux résultats, car j'ai remarqué que la disposition des gens à accéder à une demande — de même que la rapidité avec laquelle ils y accèdent — augmentent considérablement lorsque ta requête ou tes instructions commencent ou se terminent par un simple «s'il vous plaît».

Certaines manières influencent grandement la productivité et le bonheur des gens qui s'acquittent de tes directives.«Demandez et vous recevrez»; exige et tu obtiendras moins. Si ton approche ressemble à un reproche, tu recevras encore beaucoup moins en retour. Ouvrir une porte à une dame, se lever lorsqu'une dame entre dans une pièce, aider une personne à enlever ou mettre son manteau et des centaines d'autres gestes semblables sont tous des démonstrations de *prévenance* auxquelles les gens ne peuvent pas faire autrement que de répondre favorablement. Ce sont des règles élémentaires de bienséance, faciles à apprendre et qui ne coûtent rien — sauf parfois un emploi, une promotion, un contrat, un client ou un ami.

Une mauvaise manière très répandue — celle d'interrompre quelqu'un quand il parle — est une habitude de conversation qui diminue de beaucoup l'image des gens à mes yeux. C'est une insulte grossière et frustrante pour la personne qui parle. Cela démontre un manque d'intérêt et de considération pour les vues qu'exprime cette personne, sous-entendant ainsi qu'elles ne sont pas très importantes. C'est habituellement le fait d'une personne

119

centrée sur elle même, une personne beaucoup plus encline à *parler* qu'à écouter; voilà des traits qui ne sont pas
bien prisés ou engageants pour qui que ce soit. Lorsqu'une autre personne parle, un silence poli devrait être
de mise, car il témoigne de notre respect pour l'intelligence de l'autre et pour ses points de vue.

La conversation de plusieurs personnes est limitée à
un seul sujet: elles-mêmes. Rien n'est plus ennuyeux ou
impoli que de bombarder verbalement un auditeur de
toutes les futilités nous concernant. D'autre part, le fait de
s'enquérir de la famille de quelqu'un ou de sa fortune
exprime une préoccupation et une sollicitude à propos de
l'existence de l'autre. Tout en se gardant de dépasser
certaines frontières et de dévier dans des questions de
nature trop personnelle, le fait de poser des questions
amicales qui dénotent un authentique intérêt pour un
autre être humain est l'une des façons les plus simples de
s'insinuer dans les bonnes grâces d'une autre personne.

Pour devenir un bon causeur poli avec qui il est facile
d'échanger de façon animée au cours d'un intéressant
dialogue, cela requiert de la réflexion. Il existe tout un
monde de sujets sur lesquels fonder une conversation et
au moins mille façons d'en commencer une autrement
que par une insipide allusion à la température. «Est-ce ici
votre lieu de naissance?» «Où vivez-vous?» «Est-ce une
ville excitante?» «Comment votre équipe de football se
débrouille-t-elle cette année?» «Où travaillez-vous?»

Les premières impressions sont encore et seront toujours très importantes — surtout lorsqu'on cherche un
emploi. C'est peut-être la seule occasion que nous ayons
de faire bonne impression, il est donc fortement conseillé
d'en tirer avantage au maximum. Il existe trois attitudes
physiques qui, ou bien m'impressionnent particulièrement, ou me rebutent totalement lorsque je rencontre
une personne pour la première fois. En tout premier lieu,

une poignée de main ferme ou une molle. Deuxièmement, qu'on me regarde dans les yeux lorsqu'on me parle ou m'écoute — ou qu'on fuit mon regard. Troisièmement, une bonne ou une mauvaise posture.

Plusieurs personnes m'ont dit que le prince Philippe, s'il converse avec toi dans une foule de 2 000 personnes, peut te faire sentir que tu es la seule autre personne qui compte sur terre à ses yeux. Ce type de talent pour la conversation se devrait d'être imité par les jeunes gens qui entrent dans le monde des affaires et qui cherchent à réussir. Le prince a atteint un sommet en ce qui a trait aux convenances lors de conversations: poser des questions intelligentes, vous allouer le temps d'y répondre pendant qu'il écoute attentivement, répondre à ce que vous lui dites et régler le rythme des échanges verbaux pour que vous vous sentiez rapidement à l'aise. Si une personne peut obtenir un diplôme de licencié ès lettres, il peut sûrement accomplir quelque chose qui s'apparente au talent magnifique de ce maître et l'ajouter à sa liste d'attributs personnels. Lord Alfred Tennyson disait: «Plus un homme a de la grandeur, plus il est courtois». Je me hâte d'ajouter que la courtoisie dont il parle est à la portée de tous les intéressés qui font preuve d'intelligence.

Tout en continuant cette saga sur la façon pour un jeune cadre (ou pour n'importe qui d'autre) d'améliorer l'image qu'il projette, permets-moi d'ajouter quelques mots concernant les vêtements. Dans notre monde, il existe toutes sortes d'habillements — des habits esquimaux, à la tenue tribale africaine. Nous avons assurément droit à la liberté de choix en ce qui a trait à la tenue vestimentaire dans notre société. (Je suis persuadé que tu seras d'accord car tu peux témoigner de l'usure et de la vétusté des vêtements que je porte le samedi matin). Mais lorsque tu te présentes à une entrevue, ou que tu travailles dans un bureau avec des clients et leur personnel ou le

tien, ou que tu rencontres des fournisseurs, un habillement adéquat précis pour l'homme d'affaires d'aujour-
d'hui est tacitement admis. Ce code universel exige de se
vêtir non pas selon tes propres goûts, mais selon les
critères vestimentaires de la personne que tu dois rencontrer. Les cheveux longs, une barbe hirsute, des panta-
lons froissés et des souliers non cirés sont quelques-unes
des attitudes négligées bien connues qui rebutent bien des
gens. Bien sûr, tu n'as pas à cirer tes chaussures si tu
travailles dans un entrepôt, mais ce serait *préférable* si tu
travailles dans le champ de vision du patron, et que tu
veux continuer de gagner des bons points à ton dossier
personnel.

L'habillement *ne fait* pas la personne, c'est vrai, mais
il semble parfois *parler* pour toi. Par exemple, figure-toi
ce qui suit: quelqu'un t'a invité à dîner chez lui; l'hôtesse
s'est affairée toute la journée pour préparer quelque chose
de bien spécial; elle a paré sa table d'argenterie et de
cristal; tes hôtes, vêtus de leurs plus beaux atours, t'ac-
cueillent à la porte et tu es vêtu de tes vieux jeans et d'un
T-shirt qui laisse à désirer. Je puis alors t'assurer que c'est
une déception pour ton hôtesse — presque un manque
d'égards si l'on considère le temps qu'elle a consacré toute
la journée. À moins que tu ne sois invité à porter une tenue
sport, revêts au moins un veston (de préférence un veston
et une cravate) lorsque tu es invité à dîner chez quelqu'un.
C'est plus sage ainsi (tu pourras toujours enlever le veston
et la cravate s'il advenait que tu sois habillé avec trop de
recherche) et d'une certaine façon, c'est un compliment
que tu fais à tes hôtes, car ce que ton habillement *dit*, c'est
que tu accordes de la valeur à leur invitation et à leurs
efforts pour te plaire. Les gens aiment fréquenter des
personnes qui ont l'air propre, qui sont bien mises et
d'apparence impeccable, même s'ils ne sont pas aussi
attentifs que vous à harmoniser le goût, les couleurs, le
style ou à choisir la coupe d'un vêtement.

Si tu disposes de quelques dollars en surplus, c'est un excellent investissement en ta faveur que d'acheter un costume de bonne coupe et de qualité supérieure au lieu de te procurer un veston sport dernier cri à propos duquel tes copains de fin de semaine s'extasient. Et en parlant de visiter quelqu'un chez lui, si c'est pour dîner, pour l'amour de Dieu, dépose la serviette de table sur tes genoux lorsque tu t'assois, et sache dans quel ordre utiliser les couverts des 17 pièces d'argenterie qui pourraient se trouver devant toi. Nous, les gens plus âgés, sommes un peu tatillons quant au fait de bien se tenir à table, et plusieurs cadres moyens le sont restés longtemps pour n'avoir pas su la différence entre une fourchette pour manger la salade, le poisson, ou le dîner; ou entre une cuillère à soupe et une à dessert, à l'occasion d'une invitation à dîner chez leur patron.

Si le patron choisit quelques candidats à même sa liste pour un poste de cadre, il est plus probable qu'il dînera avec ces derniers avant de prendre une décision finale — tes manières à table comptent donc aussi lors d'occasions d'affaires. Je me souviens qu'un président de compagnie m'a raconté comment un dîner d'affaires avait influencé sa décision finale pour une promotion entre deux hommes présentant des qualifications équivalentes. C'est une histoire plutôt tragi-comique. Le patron avait invité les deux jeunes hommes pour dîner dans un restaurant chic. Au moment de commander au serveur, celui qui n'obtint pas la promotion ne sut pas donner sa commande de façon ordonnée. Il commanda d'abord son plat principal, puis, il ne parvenait pas à se décider pour le reste. Selon l'esprit cartésien du président, on doit commander suivant l'ordre des mets inscrits sur le menu et l'ordre dans lequel ils seront servis et mangés. Selon lui, seul un esprit désorganisé pouvait ainsi sauter au plat principal, le commander, puis s'agiter et bafouiller, s'attendant à ce que le serveur embarrassé le sorte de ce mauvais pas. La morale de cette histoire? Si tu ne désires que le plat principal, fais-le savoir au serveur dès le départ. Cela simplifiera son travail et tu seras peut-être celui qui obtiendra la promotion.

Lorsque deux candidats au même poste sont tout aussi éligibles professionnellement parlant aux yeux de celui qui les passe en entrevue, ce qui très souvent fait pencher la balance en faveur de l'heureux élu, est à la fois la démonstration de plus belles manières, d'une meilleure apparence, d'une tenue plus soignée ou d'une aisance et d'une fermeté plus grandes dans le maniement des techniques de la conversation. À bien y penser, de quel autre moyen disposons-nous pour choisir entre deux diplômés ès sciences possédant des notes équivalentes et une égale expérience dans un domaine spécifique?

Mais revenons maintenant au présent problème: ta quête d'un vendeur. S'il doit représenter notre entreprise, nous voulons quelqu'un que nous serons fiers de présenter comme étant notre collaborateur à nos associés en affaires. Il existe des gens qui possèdent toutes les qualités susmentionnées. Le problème, c'est qu'il y en a peu. Lorsque la demande est forte, on se les arrache sitôt qu'ils se présentent. Mais tu reconnaîtras cette personne quand tu la verras, car elle se démarque des autres par sa personnalité. Tu pourrais essayer de vérifier cela auprès de quelques-uns des préposés aux achats que plusieurs vendeurs contactent tous les jours par téléphone. L'un de ces préposés aurait peut-être un bon tuyau à savoir où trouver ce vendeur de tenue et d'apparence impeccables.

Edward Lucas (1868-1938) dit un jour: «Une courtoisie raffinée est la meilleure défensive qui soit». Voilà une pensée fort intéressante. Toutefois, je changerais un mot en un terme sportif pour le jeune homme d'affaires qui se donne un mal de chien pour aller de l'avant: selon moi, une courtoisie raffinée est la meilleure des *offensives*.

Merci,

Emily Post *

---

* N.D.T.: Auteur célèbre de livres populaires. Son nom est presque synonyme d'étiquette, de maintien, de bonnes manières.

Les gérants de banque

Certaines tentatives infructueuses dans le but d'emprunter des fonds à la banque pour acquérir une autre compagnie ont grandement désappointé le fils. Le père signale à son fils les erreurs qu'il a pu faire lors de récentes négociations avec leur gérant de banque.

Cher fils,

J'ai cru comprendre que tes récents efforts pour emprunter de l'argent de la banque n'ont pas obtenu le succès escompté. Tu te demandes peut-être pourquoi je n'ai pas mis à contribution mon expérience pour t'aider à faire cette demande. Il existe une raison. Je t'ai laissé libre de préparer cette démarche par toi-même parce que j'ai senti qu'il était temps pour toi, à *cette* phase de ton expérience dans les affaires, de te mouiller les pieds, en apprenant certaines choses à propos des opérations bancaires.

Plusieurs hommes d'affaires considèrent comme allant de soi que les banques répondent à leurs besoins financiers — jusqu'au jour où on leur refuse un prêt ou qu'on leur demande de rembourser immédiatement leurs prêts. Il est étrange de voir à quel point les gens sous-estiment un tel élément clé dans nos cercles d'affaires. Je n'arrive pas à me rappeler combien cela m'a pris de temps pour me rendre compte qu'en plus d'avoir une usine, de l'équipement, un inventaire, des employés, des clients, j'avais également besoin d'un *banquier*. Je pense que c'est probablement la veille de mon entrée en affaires, et il est bien possible que ce soit parce que je partais de rien. Tu n'as pas connu cette expérience, étant donné que tu t'es joint à nous après que nos relations bancaires aient été fermement établies. (Du moins jusqu'à *maintenant*).

Peut-être, je dis bien peut-être, y a-t-il eu une sous-estimation de l'importance de la banque dans le trop plein d'enthousiasme que tu as éprouvé à penser ajouter une autre entreprise à nos compagnies?

Tu savais que nos banquiers ne nous avaient jamais refusé un prêt au cours de toutes nos années en affaires. Ne t'es-tu pas par hasard trop fié à ce dossier de réussites passées en t'attendant à ce qu'ils acquiescent presque automatiquement encore cette fois-ci?

Ta réaction initiale à leur refus était celle d'un homme vaincu. «Ce sont des imbéciles! Ils ne savent pas ce qu'ils font! Ils ont fait une erreur!» Eh bien, crois-le ou non, les banquiers sont humains et il arrive qu'il fasse des erreurs — mais je ne suis pas si sûr qu'ils en aient fait une dans ce cas-ci lorsque je réexamine ta demande et que je lis attentivement les raisons que tu leur as fournies pour mettre la main sur leur argent.

Un banquier, selon certains, est une personne qui vous prête un parapluie lorsqu'il fait soleil, mais qui veut le ravoir aussitôt qu'il se met à pleuvoir. C'est un peu vrai, mais le banquier représente bien plus encore. Il est la seule personne que je connaisse à vendre quelque chose que tous veulent. C'est pourquoi il doit classer, choisir, passer au crible ses clients avec beaucoup de soin pour éviter que des créances irrécouvrables s'accumulent. Il ne prête pas facilement l'argent de sa banque à *n'importe qui*; certaines conditions s'y rattachent toujours. (Certains parlent de «ficelles» qui lui permettent de ramener les prêts dans sa poche sans même bouger de sa chaise).

À en juger par ta demande, tu semblais très confiant que cet achat serait avantageux pour notre compagnie. N'est-ce pas peut-être un léger soupçon de suffisance qui fut responsable de ce rapport financier plus ou moins bien conçu que tu as présenté à la banque?

Rien n'égale l'attitude suivante: «Bonté divine, il n'acceptera jamais cela!» pour t'amener à réfléchir sérieusement lorsque tu te prépares à rencontrer ton banquier. Tu considéreras peut-être cet exercice comme une perte de temps — mais le gérant de banque t'y obligera — et tu en arriveras à prendre conscience qu'il te fait une *faveur* lorsqu'il te force à réexaminer les intentions d'affaires que tu lui proposes. Une fois que ce sera fait, que tu auras réfléchi davantage à cet achat que tu projettes de faire et à la somme d'argent qu'il te faudra emprunter pour le payer, tu verras qu'une partie de ton enthousiasme initial, celui de créer une entreprise plus grande, aura diminué. Si cela suffit à te ramener les pieds sur terre, tu seras alors capable d'analyser ton projet plus froidement et avec plus de sang-froid. Si cela ne suffit pas, et que nous fassions une grosse erreur en achetant cette compagnie, non seulement perdrons-nous les profits de notre lucrative entreprise actuelle, mais nous n'aurons plus assez d'argent pour acheter tous les Alka Seltzer dont nous aurons besoin pour nos migraines, une fois que cette nouvelle compagnie «aura atterri» sur nos bureaux.

Vois-tu, la précipitation en affaires engendre l'échec, et même si l'achat d'une autre entreprise est quelque chose d'excitant, c'est aussi un peu comme de zieuter une belle fille. Il se peut que tu aimes ses cheveux, ses jambes, son apparence — mais si sa façon de penser gâche tout le reste, combien de temps la trouveras-tu encore excitante? Il en est de même pour les affaires. Ce qui *n'est pas* immédiatement apparent justifie parfois beaucoup *plus* de considération, de réflexion que ce qui est déjà évident: ce que tu vois n'est pas toujours ce que tu devrais acheter.

Lorsque le gérant de banque a vérifié le bilan financier de la compagnie que tu es intéressé à acheter, il n'a pas aimé les comptes à recevoir de cette compagnie qu'il t'aurait alors fallu acheter avec son argent. Ces comptes à recevoir, comme mes chevaux de course, étaient trop vieux et trop lents au niveau du rendement. L'inventaire le dérangea aussi quelque peu, son taux de rotation se faisait à peu près au même rythme que celui des résidents d'un cimetière.

Le banquier estima également que son sommeil serait troublé pendant de nombreuses nuits s'il acceptait ta proposition de n'investir qu'une somme restreinte de *ton* argent dans la transaction. Il ne dort bien que lorsque *tu* investis le premier 20 ou 30 % des capitaux à risques que comporte un tel projet; si nécessaire, cet argent sert à éponger les premières pertes avant qu'il n'ait besoin de s'inquiéter à savoir si les fonds de la banque seront également engloutis dans ce projet mutuel. Je suis persuadé que de ne pas avoir de capitaux à risques en jeu était pour *toi* très agréable et rassurant; il n'y aurait pas de nuits sans sommeil dans *ton* lit. Toutefois, il en allait tout autrement pour la tranquillité d'esprit de ton banquier.

Il arrive rarement que des fils pensent et agissent exactement comme leurs pères, par conséquent, tes rapports avec les banques devraient résolument être établis par toi-même, en te servant de tes propres talents et de ta personnalité, et plus particulièrement, de ton propre argent et de ton temps. J'ai cultivé *mon* jardin; il est temps que tu commences à cultiver le tien.

Je te suggérerais de t'y mettre en invitant ton banquier à déjeuner — ce que tu n'as jamais fait à ce que je sache. Pour une quelconque raison, il est beaucoup plus facile de parler à quelqu'un lors d'un déjeuner à l'amiable que derrière un bureau froid et austère, spécialement celui de ton banquier. Cependant, dès le départ, tu as une main attachée derrière ton dos, car dans les circonstances, même si ton banquier apprécie le déjeuner, comment veux-tu qu'il ne devine pas la vraie raison de ton invitation? Cela aurait été plus facile pour toi si tu avais déjeuné avec lui quelques fois par année, lui faisant part de tes intentions d'affaires *avant* de lui demander son argent. Mais qu'importe. Tu ne disposes pas de cet avantage qui pourrait jouer en ta faveur. Il comprendra, car 98 % de ceux qui entrent en compétition avec toi pour obtenir son argent agissent habituellement comme toi.

Au dessert, je te suggère de lui faire savoir clairement que tu envisages et que tu es prêt à investir un bon pourcentage du prix d'achat. Ton banquier devrait déjà à ce moment-là être aussi souple et réceptif que possible et il te laissera peut-être t'en tirer à bon compte pour cette affaire. Tout dépend du nombre de nuits sans sommeil qu'il a perdues récemment sur des transactions similaires. Par conséquent, le choix de ton moment est primordial. Certains moments sont plus propices que d'autres pour demander un prêt à ton banquier. Invite l'assistant-gérant de la banque pour un déjeuner amical de temps en temps. Étant bien au fait de la charge de travail de son patron et de son horaire, il est la personne idéale pour t'aviser du meilleur moment pour inviter le gérant lui-même. Advenant beaucoup d'activités à la banque, il te recommandera d'attendre jusqu'à ce que les choses se calment. Et on ne sait jamais, un délai propice d'une semaine ou deux s'avère parfois être justement ce qu'il faut pour réussir à obtenir ce qu'on demande. Voilà une autre ligne d'action qui pourrait jouer en ta faveur et que tu devrais utiliser.

Souviens-toi surtout que ton banquier te fait une *grande faveur* gratuitement! Si, après avoir examiné ta proposition d'affaires, il la refuse, il t'a probablement empêché de commettre une grave erreur financière. Il étudie de telles transactions journellement; alors que toi et moi, ça nous arrive tout au plus une fois par année. Quel que soit le désappointement que l'on éprouve à ne pas obtenir un prêt pour un projet d'affaires, ce n'est rien par comparaison à l'inquiétude et à la déception avec lesquelles on doit se débattre suite au mauvais achat d'un *véritable guêpier*. Écoute attentivement les conseils de ton banquier à propos de ton projet d'entreprise. Puis, fais une nouvelle demande de prêt.

Amour,

Le banquier de la famille

P.S.: Je te suggérerais également de rencontrer le propriétaire de l'entreprise que tu envisages d'acheter et de discuter avec lui de ses comptes à recevoir et de son inventaire dormant. La discussion devrait entraîner comme résultat tout un changement au niveau du prix d'achat — surtout si tu lui dis de conserver ses comptes à recevoir et que nous n'achèterons que la partie de l'inventaire dont nous pouvons faire la rotation en l'espace de six mois.

Comment négocier avec le gouvernement

Une inspection gouvernementale des usines de la compagnie familiale a perturbé le fils. Même s'il sentait qu'il avait de bonnes raisons d'en débattre avec l'inspecteur, il ne l'a pas fait, par peur d'entraîner des problèmes pires encore. Le père, ayant déjà subi plusieurs de ces inspections par le passé, met sur le tapis quelques principes sur le sujet.

Cher fils,

Ton attitude et ton sens des responsabilités lors de la récente inspection de notre compagnie, ont révélé chez toi un trait remarquable: ton désir d'obéir aux lois. Moi aussi je souhaite obéir aux lois, mais plus j'en apprends avec le temps et plus je remarque que la loi écrite est une chose et que son interprétation est tout autre chose. Tu as bien présenté nos points forts pour tenter de réfuter les observations de l'inspecteur, mais tu n'as pas réussi à lui faire changer d'idée. Les explications que tu lui as données étaient valables et bien fondées, et je suis d'accord avec toi que certains des jugements et des observations de l'inspecteur étaient erronés.

Que devons-nous faire maintenant? Eh bien, la première chose à faire, est de réviser notre cas pour confirmer la fermeté de nos points de vue. Si nous demeurons persuadés que nous avons de bonnes raisons d'aller plus loin, notre prochaine étape est de faire appel concernant les remarques de l'inspecteur à son directeur.

D'un autre côté, je comprends très bien ta réticence par rapport à une telle démarche, ta crainte d'éveiller ainsi l'hostilité de l'inspecteur et que cela occasionne un durcissement de sa position face à nous. Toutefois, j'ai appris une chose concernant notre fonction publique, fédérale ou provinciale: les gens qui la composent sont foncièrement honnêtes, ne gardent pas rancune, et ne cherchent pas délibérément des raisons de nous créer des embêtements.

Je suis stupéfait devant le nombre de gens d'affaires qui s'effarouchent de présenter leurs cas à des tribunaux plus élevés, à l'intérieur même de la structure de notre fonction publique. Il va de soi que dans la plupart des organisations, plus on monte dans l'organigramme et plus on y retrouve de bon sens et d'intelligence. Pourtant, la plupart des dirigeants de compagnies, préférant éviter un conflit, acceptent les interprétations de l'inspecteur gouvernemental pour parole d'évangile. Ça ne l'est pas, et j'ai vécu certaines expériences personnelles qui le prouvent.

L'une de mes meilleures victoires fut l'expérience que j'eus à vivre avec un vérificateur de la taxe à l'achat qui essayait de nous imposer une taxe sur nos emballages — un prélèvement qui nous aurait coûté 100 000 $ en taxes rétroactives et environ 75 000 $ pour chaque année ultérieure. Eh bien, monsieur, nous avons attaqué sur *deux* fronts. La procédure d'appel que nous avions établie serait utilisée au moment opportun. Dans un même temps, nous sommes allés rencontrer notre député et lui avons parlé de l'inepte décision prise contre nous et du dommage que celle-ci pourrait causer à notre compagnie. Cela précipita les choses politiquement parlant. Et je puis t'assurer que tout alla plus vite car notre député (compte tenu du fait que son parti était au pouvoir) avait beaucoup de poids dans les rangs du gouvernement. Nous avons alors retenu les services du meilleur cabinet d'avocats du Canada dans le domaine fiscal. Leur examen préliminaire révéla que nous avions matière à nous opposer à la décision, nous avons donc fourni 10 000 $ pour qu'ils préparent notre cause. Celle-ci fut basée sur des précédents légaux qui avaient été établis lors de causes de nature similaire au cours des 50 dernières années.

Nous avions maintenant le gouvernement entre deux feux: notre député et nos avocats d'un côté, et les fonctionnaires du ministère du Revenu de l'autre. Le résultat? Un montant de 1 603 $ à payer pour des choses dérisoires. Nous sommes bien loin du 100 000 $ pour des taxes rétroactives et d'une note de 75 000 $ pour chaque année subséquente.

Vois-tu, en dépit de ce que la plupart des gens disent ou pensent dans un sens contraire, le bon sens prédomine au gouvernement. En fait, les efforts de notre politicien ont fait gagner notre cause; nous n'aurions même pas eu besoin d'avocats. Mais pourtant, nous ne saurons jamais vraiment si le gouvernement a reculé parce qu'on y a eu connaissance de la cause que nous préparions et de notre détermination d'aller devant les tribunaux, ou si l'inspecteur avait simplement fait une erreur dans son interprétation des règlements.

Nous ne disposions plus des 10 000 $ que nous avions dépensés pour préparer la cause — mais il existe bien des façons différentes d'échouer, il te faut donc utiliser tous les moyens à ta disposition lorsque tu vises la réussite. (C'est un peu comme tirer une grouse avec un fusil de chasse au lieu d'une carabine de calibre .22; un bon étalage d'*offensive* rend très difficile la *défensive*).

Il y a d'autres exemples de mes batailles gagnées ou perdues avec l'impôt sur le revenu à propos de la taxe à l'achat, face aux inspecteurs du contrôle pharmaceutique et alimentaire, face aux inspecteurs des animaux de laboratoire, et avec quelques autres dont je ne me souviens pas. Qu'il me suffise de dire, si tu as la patience d'analyser ta cause avec soin et que tu es sûr de ton bon droit, poursuis-la à fond jusqu'aux plus hautes instances de la fonction publique, et tu gagneras.

Tu ne dois pas craindre que quelqu'un cherche une quelconque vengeance à cause de certaines de tes actions en justice. Si tu sens qu'un inspecteur agit dans ce sens avec toi, appelle son directeur et demande qu'on t'envoie un autre inspecteur. La plupart des directeurs de grades supérieurs vont acquiescer à une telle requête pourvu que tu possèdes des raisons suffisantes pour ce faire. Je dois dire que personnellement je n'ai jamais eu à prendre cette mesure, étant donné que le gouvernement, plus souvent qu'autrement, envoie une personne différente lors de chaque période d'inspection.

Il te faut faire tes preuves dans cette arène, allez, au travail! Lorsque tu gagneras — et j'en suis persuadé, ce sera encore plus stimulant pour ton moral que n'importe quel match de football, que tu as pu gagner comme quart-arrière. Le droit *prime* la force, mais personne ne gagne s'il ne se bat.

Je crois que c'est Francis Bacon qui a dit: «Rien n'est terrible, hormis la peur elle-même». Ne passons pas notre vie à craindre les gouvernements. Ils sont là pour nous *aider* en affaires et ils le feront, car ils ont été élus et nommés par le peuple — et ça, mon fils, *c'est nous*. Lorsque tu as tort, admets-le, mais ne démords pas de tes *propres* convictions lorsque tu es sûr d'avoir raison.

Je signe,

*Ne recule jamais
d'un centimètre, Ward*

Le principe de la diversification

Le fils questionne le bien-fondé de la diversification des compagnies à l'intérieur du groupe industriel familial. Une compagnie n'est-elle pas plus solide si elle se limite à un seul champ d'activité plutôt que de s'étendre à quatre ou cinq? Avec la diversification, ne multiplions-nous pas les problèmes de main-d'œuvre, d'argent, d'administration, et les autres problèmes par quatre ou cinq? Le père suggère une réponse.

Cher fils,

Tes commentaires de l'autre jour à propos de l'éventail de compagnies que nous possédons m'ont beaucoup donné à penser. Pendant toute ma vie en affaires, j'ai essayé d'assurer, dans la plus grande mesure possible, une sécurité financière *permanente*. Pour en arriver là, j'ai opté pour la diversification de mes opérations. Tu me parles maintenant du même genre de sécurité, mais tu suggères qu'elle serait davantage renforcée si nous investissions toutes nos énergies dans un seul champ d'activité.

Plusieurs diraient que ta ligne de pensée est la bonne, la meilleure façon de croître; permets-moi, cependant, d'exprimer quelques-unes de mes pensées sur le sujet.

La base même de ma philosophie des affaires a toujours été la suivante: «Ne mets jamais tous tes œufs dans un même panier». Lorsque l'occasion se présentait d'investir dans des compagnies qui avaient des intérêts connexes aux nôtres, je tenais d'abord toujours compte de deux critères principaux. Premièrement, avais-je suffisamment de support financier pour me lancer dans un nouveau projet, et deuxièmement, est-ce que je disposais du personnel compétent expérimenté que ce projet nécessitait? Si je répondais oui à ces deux questions, je me posais ensuite les autres questions habituelles en ce qui a trait au marketing, à la distribution, à la compétition et ainsi de suite.

Je sentais que du moment que la nouvelle opération avait un *lien commun* avec ce que je faisais déjà, je ne prenais pas un trop grand risque. Le principe dominant qu'a énoncé Henry David Thoreau était: «Méfiez-vous de toutes les entreprises qui requièrent de *nouveaux* vêtements».

Les raisons de mon intérêt pour la diversification étaient doubles. Ayant déjà été pauvre, je n'avais aucun désir de revivre cette expérience: J'avais donc une tendance naturelle à vouloir me protéger. À mes yeux, le fait de posséder une seconde entreprise, advenant le cas où la première échouerait, était tout à fait sensé. J'observais également à quel point les entreprises se bâtissent lentement (surtout dans le domaine pharmaceutique), et qu'à ne diriger qu'une seule compagnie, mes capacités n'étaient utilisées que quelques heures par jour — non pas dix ou même huit heures comme je voulais m'y consacrer. Donc, étant donné que la plupart de mes fonctions étaient répétitives, j'ai engagé des gens qui s'y connaissaient dans le domaine pour qu'ils accomplissent plusieurs de *mes* tâches, alors que je pouvais vaquer à d'autres occupations.

J'ai toujours pensé que la réussite a le don de se transmettre d'une compagnie à une autre. Ma logique me dictait que si je possédais plus d'une compagnie, j'allais sûrement jouir d'au moins une victoire par année sur le nombre, et c'est finalement ce qui s'est produit à venir jusqu'ici: chaque victoire étant suffisamment importante pour couvrir les pertes mineures ou les modestes profits des autres compagnies.

Le danger de posséder un cartel de compagnies est que cela peut vous «monter à la tête». Certaines personnes pourraient facilement en arriver à se considérer comme un Einstein des affaires tout à fait capable de faire fonctionner et croître n'importe quelle entreprise. Mon fils, plus je vieillis et plus j'apprends, et il y a une chose que je peux t'affirmer sans équivoque, la première règle des affaires à retenir est celle-ci: Ce n'est pas parce que tu peux faire prospérer un type d'entreprise particulier que tu pourras automatiquement réussir avec d'autres genres d'entreprises.

S'il y a une seconde règle, c'est celle d'être toujours prêt à faire des compressions budgétaires. J'ai toujours eu une profonde aversion pour les pertes en affaires et, traite-moi de froussard si tu veux, mais aussitôt qu'une des compagnies s'est mise à perdre une importante somme d'argent, j'ai alors coupé toutes les dépenses que je pouvais. C'est bien simple: tu commences en haut de ton bilan de tes profits et pertes et tu sabres dans toutes les dépenses superflues. Habituellement, on se retrouve alors avec une opération de dimension réduite — mais le temps de se ressaisir, elle conserve encore assez de mordant pour réussir à nouveau. Si tu sais que tel n'est pas le cas, vends-la ou ferme-la avant qu'elle ne t'engloutisse avec elle.

Lorsqu'on crée des compagnies, on doit prendre garde de ne pas trop augmenter les ressources en personnel et en investissements monétaires. Plusieurs excel-

lentes compagnies ont fait faillite parce que leur propriétaire, trop impatient (ou avide?) de bâtir, devint trop
négligent en cours de route. Tout ce qui vaut la peine
d'être accompli dans ce monde requiert une base solide,
et la croissance des compagnies ne fait pas exception à
cette règle. Il est bon de le répéter:

«Regarde devant toi avant que tu ne tombes;
Car tu récolteras ce que tu sèmeras».

Si on revient à ta question: «Ne serions-nous pas en
meilleure position si nous ne gérions qu'une seule compagnie et si nous mettions toutes nos ressources en fonction
de sa croissance?» J'y réfléchirais si seulement cette
compagnie requérait tout mon temps disponible pour
gérer sa croissance. Si elle n'occupait pas tout mon temps,
j'aurais alors tout le loisir de poursuivre d'autres projets
d'affaires ce qui, je dois l'admettre, dissipe grandement
l'ennui et la monotonie de la routine quotidienne des
affaires. Bien sûr, une planification financière soignée
serait également requise pour se garder d'une extension
trop grande de nos ressources.

Les affaires sont un domaine tellement fragile. Si on
considère que des compagnies de taille géante telle l'industrie automobile aux États-Unis en arrivent parfois
presque à sombrer, il faut s'émerveiller de notre audace à
nous (le menu fretin) d'essayer quand même de tenter la
fortune. Mais aucune entreprise, grande ou petite, ne dure
éternellement. Les lois de l'offre et de la demande, qui
fluctuent continuellement au-delà du contrôle et des pré-
dictions de qui que ce soit, requièrent souvent des pouvoirs quasi psychiques de la part des dirigeants d'entreprises pour tenter de s'ajuster à toutes ces fluctuations.
Peu de gens parmi nous sont dotés de pouvoirs psychiques.

La diversification, selon moi, ne signifie pas et ne
nécessite pas de s'éloigner de son industrie de base. Cela

signifie plutôt *d'ajouter* à ta gamme principale de produits en achetant d'autres compagnies ou un gros fournisseur. Si nous nous lancions dans le domaine des ordinateurs, dans l'encadrement, l'ameublement, les accessoires d'autos, ce serait tout à fait imprévoyant et téméraire de notre part, étant donné que notre compétence ne se trouve dans aucun de ces domaines. Nous finirions par faire faillite.

J'ai adhéré à un autre principe important lors d'une diversification: celui de trouver des gens compétents qui savent très bien diriger une compagnie. Rien n'est plus troublant que de constater que celui que vous avez mis à la tête d'une de vos compagnies s'en fiche comme de sa première chemise. Pour réussir à faire fonctionner rondement l'une de nos compagnies, j'ai déjà dû embaucher trois directeurs en l'espace de trois ans. Cela m'a rendu à moitié fou — probablement à cause du désappointement que j'éprouvais d'avoir sélectionné ces gens — et j'ai passé à deux doigts de vendre cette fichue compagnie, par frustration. Ma dernière tentative, (j'aurais souhaité que ce soit la première), était un coup à tenter avec peu de chances de réussite, elle concernait un employé de longue date au service de la compagnie aux ordres duquel tous juraient ne pas vouloir travailler. Je le laissai tenter sa chance. Cela fonctionna, avec une prime en plus: notre renouvellement de personnel descendit à un taux de 3 %.

Andrew Carnegie écrivit ce truisme bien souvent prouvé: «Trois générations, d'un gagne-petit à un autre». J'essaie tout simplement de nous éviter de redevenir des gagne-petit en l'espace d'une génération. Et lorsque je quitterai pour de bon les affaires, tu auras l'occasion d'essayer de prouver que monsieur Carnegie a tort. D'ici là, je déciderai de la route, et toi, tu seras maître du navire.

Affectueusement,

Capitaine Ward

141

La valeur de la lecture

Le fils est intéressé à lire certains livres pour perfectionner ses compétences en affaires. Le père lui en suggère quelques-uns.

Cher fils,

Tu te souviendras sûrement du jour où tu as trouvé par hasard la citation suivante: «Apprends à partir des erreurs des autres, car tu n'auras pas le temps de toutes les faire toi-même». D'une certaine façon, le même raisonnement s'applique aux livres. Si des gens ont écrit à propos d'expériences dont la lecture pourrait être avantageuse pour toi, pourquoi ne pas profiter de l'occasion et te mettre à lire ce qu'ils ont à dire sur la façon d'aborder diverses situations?

Il n'y a pas grand-chose de nouveau sous le soleil, hormis, bien sûr, certaines réalisations scientifiques capitales telles que les essais de bombes atomiques, la marche sur la Lune, et le développement des ordinateurs. La plupart des choix en affaires ont été expérimentés maintes et maintes fois et ont été décrits dans différents livres. Si tu prends le temps et si tu as suffisamment de patience pour lire, tu auras une bonne longueur d'avance sur la plupart des autres individus de ton âge qui ne lisent pas.

Le livre qui peut le mieux t'illustrer mon point de vue selon lequel il n'y a pas grand-chose de nouveau sous le soleil — et à quel point le genre humain se répète d'une ère à l'autre — est le *Bartlett's Quotations* (Les citations de Bartlett). Ce livre commence par des réflexions sur la vie qui remontent aussi loin que la Bible et il nous fait faire un voyage à travers les âges jusqu'à aujourd'hui. Dans ce livre, tu découvriras qu'Homère a dit, environ 700 ans avant Jésus-Christ: «Il est très rare que des fils soient semblables à leurs pères: la plupart sont pires, et seuls quelques-uns sont meilleurs que leurs pères». Confucius disait, 550 ans avant Jésus-Christ: «N'aie que des amis égaux à toi-même». Ésope disait en 550 avant Jésus-Christ: «Contente-toi de ton lot; on ne peut pas être premier en tout». Saint Jérôme a dit en 400 après Jésus-Christ: «Il est encore pire d'être ignorant de son ignorance». Les citations continuent ainsi jusqu'à la fin, baignant le lecteur des pensées et des vues de multiples personnes au fil de nombreuses générations, toutes pleines de souffle et de vie, expérimentant des tas de choses à un moment ou un autre, comme toi et moi actuellement. Je pense que le fait de se familiariser avec les attitudes, les opinions, et les problèmes de ces «penseurs», fait que souvent, *nos* problèmes paraissent sans importance par comparaison, ou du moins beaucoup plus faciles à résoudre grâce à leurs observations pleines d'expérience.

Je sens qu'à l'étape présente de ma vie j'ai déjà vécu l'équivalent d'environ 10 fois l'expérience de toute une vie, et cela, simplement à cause de mes lectures. Ce n'est pas que cela me donne un sentiment de supériorité. Ce n'est pas le cas. Mais ça me fait assurément sentir que je retire le *maximum* de mon passage sur terre. Et je suis désolé pour celui qui naît dans une petite communauté étroite d'esprit et qui n'a jamais l'occasion de voir plus loin, physiquement ou mentalement parlant, à travers les livres, par choix ou non. Comme est petite leur vision de la vie! Et comme ils passent donc à côté de bien des choses!

Certaines personnes lisent beaucoup, mais surtout des œuvres de fiction. Elles disent que ça les détend. Plusieurs croient que de lire des ouvrages généraux est un *travail*. C'est étrange, car je me suis toujours senti *détendu* lorsque je lisais des œuvres romanesques. De plus, si on considère toutes les choses à apprendre dans cet univers, les nombreuses vérités beaucoup plus fascinantes que la fiction à lire, je considère que c'est presque une perte de temps de lire les rêvasseries de quelqu'un.

John Locke disait en 1670: «Le savoir d'un homme ici-bas ne peut pas aller au-delà de son expérience». Je suis plutôt d'accord avec ça, mais notre propre expérience peut être élargie grandement par la lecture des expériences des autres. J'ai appris de mes sources personnelles que Harry Truman, alors vice-président des États-Unis, était considéré comme étant très peu qualifié pour le poste de président. Malgré cela, et en dépit de son peu d'expérience, le «vieil Harry» devint un président très fort. Ma théorie à propos de son succès est que sa réussite est largement attribuable au fait qu'à l'âge de 14 ans, il avait lu tous les livres de la petite bibliothèque locale d'Independence, au Missouri. Ses *lectures* lui ont apporté la pénétration requise face aux problèmes mondiaux que son poste exigeait, même si son expérience personnelle de la vie était quelque peu en retard sur ses lectures.

L'Histoire est une série d'histoires que je trouve des plus stimulantes, valables et intéressantes — comme celle des courageux pilotes de chasse lors de la Première Guerre mondiale, celle qui traite de la pensée de Confucius sur l'homme et sur la société, celle qui raconte les efforts de Richard Cœur de Lion pour bâtir l'Angleterre. Ces histoires sont fascinantes. On y trouve tellement d'exploits héroïques glorieusement accomplis, tellement de tribulations affrontées et surmontées, tellement de problèmes majeurs résolus par tellement de gens. Par comparaison, bon nombre de nos maigres efforts ont l'air pitoyables. Cependant, quelle que soit la durée de notre voyage sur terre, il doit quand même se faire pas à pas, et chaque *livre* est un autre pas dans la bonne direction.

Être capable de *voir* dans *son propre esprit* le passage sur terre d'un autre individu ou ses réalisations, le raisonnement d'un autre par rapport à la solution d'un problème, et le vivre intensément comme si tout se déroulait dans le présent, voilà ce que les livres réussissent à faire. Ils ouvrent nos esprits à nous questionner et à réfléchir pourquoi nous sommes ici, à essayer de faire de notre mieux, et à prendre conscience que la pire chose que nous pourrions faire serait de gaspiller une grande partie de ce temps qui nous est alloué à chacun sur cette terre.

Être *différent* des autres est l'un des préalables du succès, pourtant, bien peu de gens s'y risquent. La plupart de mes décisions importantes furent habituellement contestées par mes amis. En toute bonne conscience, ils n'arrêtaient pas de m'avertir des risques que comportaient mes décisions, des probabilités qui jouaient toutes contre moi ou de la témérité dont je faisais preuve selon eux. Lorsque j'obtins mon diplôme d'expert-comptable, que je refusai certains emplois pour de grandes compagnies et que je favorisai une très petite entreprise, je fus ridiculisé par mes pairs. Notre entreprise d'aujourd'hui est le résultat direct de cette décision. Lorsque j'appris à piloter un avion à l'âge de 40 ans, plusieurs trouvèrent cela «douteux» de ma part, étant donné que j'avais des enfants en bas âge. Cette décision a procuré des années de plaisir à toute notre famille. Et comme dans les mots immortels que Yul Brynner prononçait dans *Le roi et moi*: «Et cætera, et cætera, et cætera».

Pour améliorer tes compétences en affaires par la lecture, il s'agit simplement que tu lises à propos des *gens*.

Ce sont les gens qui font l'Histoire. Et bon nombre de livres actuels, lus par une multitude de gens, portant sur des sujets tels que le stress, les diètes, l'exercice, sur l'investissement de l'argent, sur le vol en toute sécurité, et bien d'autres sujets, sont tous conçus en fonction des gens, de ce qu'ils pensent, de ce qu'ils ont fait. Lis à propos des gens dans un large éventail de sujets, si tu veux que tes compétences en affaires s'améliorent infiniment.

En ce qui concerne les livres à lire à propos du domaine des affaires, téléphone à quelques-uns de tes anciens professeurs. Ils sont habituellement très au fait à savoir qui a écrit quoi et où on peut trouver le meilleur traité concernant un sujet particulier. Demande-leur de te conseiller. (Je les ai toujours trouvés empressés à aider).

Rappelle-toi que j'ai construit une étagère pour disposer tes livres dans ta chambre lorsque tu avais 19 ans. J'y ai placé 10 livres qui, je croyais, seraient d'une immense valeur pour toi dans ta vie personnelle et dans le domaine des affaires. Ces livres étaient les suivants:

1) *Bartlett's Familiar Quotations*
   de John Bartlett (Les citations de Bartlett)

2) *My life in Advertising*
   de Claude Hopkins — 1924 (Ma vie dans la publicité)

3) *The Nature of a Family Business*
   de Leon Danco — 1981 (La nature d'une entreprise familiale)

4) *The Doctor and the Soul*
   de Viktor E. Frankl, M.D. — 1955 (Le docteur et l'âme)

5) *Our Oriental Heritage*
   de Will Durant — 1932 (Notre héritage oriental)

6) *Think and Grow Rich*
   de Napoleon Hill — 1937 (Réfléchissez et devenez riche)[*]

---

[*] Disponible aux éditions Un monde différent ltée en cassette audio.

7) *The Rising Sun*
de John Toland — 1970 (Le soleil levant)

8) Un livre de l'*Encyclopedia Britannica*
(n'importe lequel)

9) *L'histoire de la décadence et de la chute de l'Empire romain*
de Edward Gibbon — 1788

10) *Ralph Waldo Emerson*
de Frederic J. Carpenter — 1934

J'aimerais te laisser maintenant sur les mots que saint Thomas d'Aquin a écrits en 1250: «Méfie-toi de l'homme d'un seul livre». Ai-je besoin d'en dire plus?

Sincèrement,

Le rat de bibliothèque

P.S.: Suit une copie de mon livre préféré. Comme il ne comporte que quelques pages, la plupart des gens n'appelleraient pas cela un livre. Moi oui, car son message est très important.

*L'histoire suivante fut écrite en l'espace d'une heure en
1899. En dépit du style décousu et familier que l'auteur,
Elbert Hubbard, a utilisé dans cet essai rédigé au courant de la plume, le message qu'il contient est tellement
vital et fondamental que, dès 1913, 40 000 000 de copies
avaient déjà été imprimées. Pendant la guerre russo-ja-
ponaise, chaque soldat russe s'en allant au front portait
une copie du «message à Garcia». Les Japonais, impres-
sionnés par la multitude de copies qu'ils avaient confis-
quées à leurs prisonniers russes, en conclurent qu'on
devait immédiatement en faire une traduction et, plus
tard, par un ordre du mikado, on en donna une copie à
tout homme à l'emploi du gouvernement, à la fois aux
soldats et aux civils. Le «message à Garcia» a été traduit
en russe, en allemand, en français, en espagnol, en turc,
en hindoustani, en japonais et en chinois. Il est fort
probable que de nombreuses autres traductions existent
également. Bien que le message moral de cette histoire
fut d'une grande actualité au moment de son écriture, il
semble même davantage incisif et pertinent aujourd'hui.*

Un message à Garcia

Dans toute cette affaire cubaine, un homme se tient à
l'horizon de ma mémoire comme Mars à sa périhélie.

Lorsque la guerre éclata entre l'Espagne et les États-
Unis, il était de première nécessité de communiquer rapidement avec le meneur des insurgés. Garcia se trouvait
quelque part dans son repère de montagne cubain, personne ne savait exactement où. Aucun message ne pouvait le rejoindre par le télégraphe ou par la poste.

Le président devait s'assurer de sa coopération, et au
plus vite.

Que faire?

Quelqu'un dit au président: «Il y a un type du nom de Rowan qui trouvera Garcia pour vous; si quelqu'un en est capable c'est bien lui».

On envoya quérir Rowan et une lettre lui fut remise pour être livrée à Garcia. Comment ce type du nom de Rowan prit la lettre, l'enferma hermétiquement dans un petit sac en toile cirée, l'attacha avec une sangle sur son cœur, débarqua de nuit quatre jours plus tard sur la côte de Cuba, disparut dans la jungle, et au bout de trois semaines se retrouva à l'autre extrémité de l'île, après avoir traversé à pied une région hostile, pour finalement remettre sa lettre à Garcia — ce sont des choses que pour le moment, je ne désire pas spécialement raconter en détail. Le point où je veux en venir est le suivant: Le président McKinley donna à Rowan une lettre à remettre à Garcia; Rowan prit la lettre et ne demanda pas: «Où est-il ce Garcia?»

Par l'Éternel! Voilà un homme dont la forme humaine devrait être coulée dans du bronze impérissable et dont la statue devrait être placée dans chaque collège du pays. Ce n'est pas de l'apprentissage des livres que les jeunes hommes ont besoin, ni de l'instruction à propos de ceci ou cela, mais d'un redressement de la colonne vertébrale qui les amènera à être loyaux à la confiance qu'on leur porte, à agir promptement, à concentrer leurs énergies et faire la chose qu'on attend d'eux: «Porter un message à Garcia».

Le général Garcia n'est plus, mais il existe d'autres Garcia. Tout homme qui s'est efforcé de mener à bonne fin une entreprise, où de nombreuses mains sont nécessaires, n'a pu faire autrement que d'être consterné par l'imbécillité de l'homme moyen: son incapacité ou sa mauvaise volonté à se concentrer sur une chose et à l'accomplir.

Une aide négligente, une inattention insensée, une indifférence presque totale, un travail sans enthousiasme semblent être la règle; et aucun homme ne réussit, à moins que par tous les moyens ou, par la menace, il force ou soudoie d'autres hommes pour qu'ils l'aident; ou il arrive parfois que Dieu dans sa bonté accomplisse un miracle et lui envoie un ange de lumière pour assistant.

Toi, lecteur, mets donc à l'épreuve ce qui précède: tu es actuellement assis dans ton bureau, cinq commis se trouvent à portée de voix. Appelle n'importe lequel et fais-lui la requête suivante: «Voudrais-tu, s'il te plaît, regarder dans l'encyclopédie et me faire une brève note concernant la vie de Correggio».

Est-ce que le commis dira doucement: «Oui, monsieur», et s'en ira derechef faire ce qu'on lui a demandé?

Jamais de la vie! Il te regardera avec des yeux suspects et posera quelques-unes des questions suivantes:

«Qui était-il?»

«Dans quelle encyclopédie?»

«Voulez-vous dire Bismarck?»

«Est-ce que Charlie peut s'en occuper?»

«Est-il mort?»

«Est-ce pressant?»

«Voulez-vous que j'emporte le livre pour que vous vérifiiez par vous-même?»

«Que cherchez-vous à savoir?»

Et je te parie dix contre un, lecteur, qu'après avoir répondu à ses questions, et expliqué comment trouver l'information, et pourquoi tu la veux, le commis se retirera et ira chercher un autre commis pour l'aider à trouver Garcia, puis, il reviendra te dire qu'un tel homme n'existe pas. Il se peut, bien sûr, que je perde mon pari, mais d'après la loi de la moyenne, je ne le perdrai pas.

Si tu es le moindrement avisé, tu ne prendras pas la peine d'expliquer à ton «assistant» que Correggio est classé à «C», et non pas à «K», mais tu souriras légèrement et diras: «Peu importe», et tu vérifieras toi-même. Cette incapacité d'agir seul, cette stupidité morale, cette infirmité de la volonté, ce manque d'enthousiasme à relever des défis avec entrain sont toutes des choses qui placent les purs socialistes tellement en avance dans le futur. Si les hommes n'agissent même pas pour eux-mêmes, que feront-ils lorsqu'ils devront agir en fonction de tout le monde?

Faites paraître une annonce pour trouver une sténographe, et neuf fois sur dix la personne qui posera sa candidature fera des fautes d'orthographe et de ponctuation et pensera qu'il n'est pas nécessaire de ne pas en faire.

Est-ce qu'une telle personne peut écrire une lettre à Garcia?

«Vous voyez ce comptable», me dit un chef d'équipe d'une grande usine.

— Oui, qu'en est-il?

— Eh bien, c'est un excellent comptable, mais si je l'envoyais en ville pour une course, il pourrait très bien faire cette course; et d'autre part, il pourrait arrêter dans trois ou quatre bars en cours de route, et lorsqu'il arriverait sur la rue principale, il aurait oublié où il devait aller».

Est-ce qu'on peut confier à un tel homme un message à Garcia?

Nous avons récemment entendu exprimer beaucoup de sympathie larmoyante pour les travailleurs étrangers exploités dans les usines et pour les vagabonds sans foyer se cherchant un travail honnête, et dans un même temps, très souvent, des paroles dures sont prononcées contre les gens au pouvoir.

On ne dit rien de l'employeur qui vieillit avant son temps à force d'essayer par une vaine tentative d'amener des propres à rien négligés à travailler intelligemment; que dire de son long et patient effort pour essayer de trouver un aide qui le plus souvent ne fera que fainéanter quand il aura le dos tourné. Dans chaque magasin, dans chaque usine, une constante élimination est effective. L'employeur congédie régulièrement des «aides» qui ont montré leur incapacité à faire avancer les intérêts de l'entreprise; et d'autres les remplacent.

Alors même que les temps sont prospères, ce tri se continue quand même: sauf que, si les temps sont durs et le travail rare, le tri se fait au «peigne fin»: les incompétents et ceux qui ne méritent pas l'emploi ne font pas long feu. Seuls ceux qui conviennent vraiment survivent. L'intérêt personnel incite chaque employeur à ne garder que les meilleurs, ceux qui peuvent remettre un message à Garcia.

Je connais un homme vraiment très doué qui n'a pas la compétence pour diriger sa propre entreprise, et qui, jusqu'à présent, est absolument inutile à qui que ce soit d'autre, car il porte constamment en lui l'affreux soupçon à savoir que son employeur l'oppresse, ou qu'il a l'intention de l'oppresser. Il ne sait pas donner des ordres et il ne veut pas en recevoir. Si on lui offrait un message à remettre à Garcia, sa réponse serait probablement la suivante: «Allez le porter vous-même!»

Ce soir, cet homme arpente les rues à la recherche d'un travail, le vent souffle à travers son manteau élimé. Ceux qui le connaissent n'osent pas l'embaucher, car c'est un continuel brandon de discorde et de mécontentement. Il est imperméable à la raison et la seule chose qui peut l'impressionner est l'épaisse semelle d'une botte de large pointure.

Bien sûr, je sais qu'un être déformé moralement n'est pas moins à plaindre qu'un infirme; mais que notre pitié laisse échapper une larme aussi pour ces hommes qui font tout leur possible pour continuer une grande entreprise, et dont les heures de travail ne finissent pas au coup de sifflet, et dont les cheveux blanchissent rapidement à force de se battre pour contenir l'indifférence bête, l'imbécillité nonchalante et l'ingratitude de cœur de ceux-là qui, sans cette entreprise, seraient à la fois affamés et sans abri.

Ai-je un peu trop forcé la note? C'est bien possible; mais alors que le monde entier est devenu un quartier louche, je souhaiterais exprimer quelques mots en solidarité avec cet homme qui réussit — cet homme qui, malgré bien des facteurs négatifs, a dirigé les efforts de d'autres personnes, et ayant réussi, découvre qu'il n'y a rien là. J'ai travaillé à des salaires de crève-la-faim, j'ai connu la crise et ses misères et j'ai également été un employeur. Et je sais qu'il y a deux côtés à une même médaille, des choses à dire de part et d'autre. Il n'existe pas d'excellence en soi dans la pauvreté; les haillons ne sont pas à conseiller; et tous les employeurs ne sont pas rapaces et despotiques, pas plus que les hommes pauvres ne sont vertueux.

Mon cœur se porte vers l'homme qui accomplit son travail aussi bien quand le patron est là que lorsqu'il est absent. Et à cet homme qui, lorsqu'on lui donne une lettre pour Garcia, prend la missive en silence, sans poser une seule question idiote, et qui sans la moindre intention de la lancer dans l'égout le plus proche, ou de faire autre chose que de la livrer, ne se fait jamais licencier, et n'a pas à faire la grève pour obtenir des salaires plus élevés. La civilisation est une longue quête anxieuse tournée vers de tels individus.

Tout ce qu'un tel homme demandera sera accordé. On le demande dans chaque cité, ville et village, dans chaque bureau, boutique, magasin et usine. Le monde entier l'appelle; on a besoin de lui, on en a gravement besoin, de cet homme qui peut «porter un message à Garcia».

Le travail d'équipe

Le fils a un problème majeur à résoudre dans une des compagnies dont il a la responsabilité. Il se sent quelque peu perplexe pour décider de la meilleure méthode d'action, de la route à suivre.

Cher fils,

Il est intéressant de constater que la nouvelle politique mise en branle pour moderniser les capacités de fabrication de notre compagnie t'a fait transpirer un peu aujourd'hui. Je dis «intéressant» parce que tu as *admis que tu étais coincé* concernant la meilleure route à suivre. Je pense que toute ta scolarité et tes quelques années dans le vrai monde commencent à porter ses fruits; car ce n'est que lorsqu'on admet ouvertement éprouver un problème, à s'en gratter la tête, que l'on se joint vraiment au groupe d'élite des gens qui obtiennent le succès.

Un homme capable de reconnaître qu'il a un problème me possède déjà l'une des deux plus importantes caractéristiques de *quelqu'un de bien*. La seconde caractéristique — dont tu n'as pas donné beaucoup de signes jusqu'ici — est d'être capable d'admettre un *échec*. Ta réponse à cela sera sans aucun doute: «Eh bien, tu en verras des signes lorsque j'aurai un échec!» J'espère vivre assez longtemps pour voir ça, parce qu'alors il ne restera plus grand-chose d'autre à te transmettre en héritage.

Je ne sais pas combien de jours ou de semaines de ton temps précieux (et de mon argent plus précieux encore) tu as déjà investi sur ce problème avant de m'en parler — mais quel que soit le temps que tu y as consacré, plus d'une journée c'est déjà trop. Il t'aurait fallu recourir de toute évidence au *travail d'équipe,* une expression galvaudée dont on minimise grandement l'importance.

Avant de faire entrer de l'équipement qui réduira considérablement le travail actuellement accompli par des mains humaines, il faut d'abord, bien sûr, établir si nous disposons de suffisamment d'argent pour le faire. Eh bien, grâce à ta formation d'expert-comptable et à quelques bonnes leçons d'affaires passées, tu as convaincu nos banquiers qu'ils devraient nous prêter l'argent si tu leur présentais un plan équilibré.

Selon le principe de l'inflation, les coûts de la main-d'œuvre vont continuer d'accroître pour chaque service de production, année après année, dans un avenir prévisible. Une pièce d'équipement possède un prix fixe et une fois payée, elle remplace de la main-d'œuvre syndiquée, si bien sûr nous sommes encore en affaires. Plus d'un dirigeant de compagnies, emporté par l'idée de progrès, est allé au-delà des limites de ses capacités dans l'achat d'équipement — s'ensuivit peu après une tendance à la baisse dans l'entreprise, et le tribunal de faillites par la suite. (Je sais que c'est la 326e fois que je te dis cela, mais rappelle-le-moi, s'il te plaît, seulement quand j'en serai rendu à la 1000e fois).

Parlons maintenant de la préparation de ce plan qui te rend perplexe, car tu n'as pas acquis suffisamment d'expérience dans ce domaine. Pour quels *secteurs* achetons-nous un équipement neuf et moderne? Ton embarras n'est pas surprenant, étant donné que tu n'as pas tenu compte d'une des meilleures méthodes à ta disposition pour résoudre ce problème particulier. Cette méthode, c'est le *travail d'équipe.*

Dans ton analyse des secteurs où le travail manuel est prépondérant, commence par demander l'assistance de l'analyste de coûts. Et compare le coût des machines toutes équipées à celui des machines semi-automatiques, et ainsi de suite. Mais un instant, le directeur de l'usine ne serait-il pas la personne la mieux placée pour discuter de ce sujet? Il peut te dire dans quels secteurs l'automatisation fonctionnerait à son maximum, et à quel niveau du volume de la production. Les contremaîtres vont probablement pouvoir donner un aperçu plus valable encore, du fait qu'ils sont physiquement plus proches de la production réelle. Il serait intéressant de demander aux gens du contrôle de la qualité quels sont les secteurs qui, selon *eux*, occasionnent le plus de problèmes. Toutes ces informations sont hautement significatives pour ton analyse. Et si tu penses que tu as maintenant tout passé en revue, arrête-toi et regarde autour de toi quelques instants. Qu'en est-il des mécaniciens qui pourraient nous en dire à toi et moi beaucoup plus que n'importe qui d'autre à propos de notre équipement, de son état, et quelle compagnie, d'après leur expérience, fabrique le meilleur équipement?

Voilà ce que j'appelle une gestion efficace: utiliser l'expérience et la matière grise de votre personnel dans chaque secteur, leur demander leurs opinions et leurs conseils, bref, un *travail d'équipe.* Rien n'attise plus la fierté de quelqu'un que de se faire demander son opinion sur un sujet qu'il sait de grande importance pour celui qui la sollicite. Cela valorise cette personne dans son jugement. Ne rate jamais une occasion de témoigner sincèrement de toute la valeur que tu accordes à tes employés. Ils sont ton élément vital. Le fait de compiler des informations pour ce genre de rapport requiert du tact, du discernement et de la discrétion. Et comment donc! Et si tu n'accordes pas suffisamment d'importance à ce point, tu pourrais te retrouver avec tout un problème sur les bras: tes employés sautant à toutes *sortes* de conclusions et de conjectures. Ils vont penser que tu essaies d'éliminer certains de leurs emplois, que tu tentes de réduire le nombre de personnes travaillant sous leurs ordres, ou que tu essaies de rogner sur les coûts. La compagnie est sûrement en difficulté! Clarifie la situation dès le départ, au tout début de chacune de tes rencontres.

Selon moi, même si la réduction du travail manuel abaissera le nombre de nouvelles embauches, dont la moyenne se situe présentement dans les limites de notre structure de croissance, et même si certains emplois devront être réajustés, personne ne perdra son gagne-pain. En fait, la plupart de nos employés devraient bientôt s'attendre à recevoir de plus gros chèques de paye — même en tenant compte de l'inflation — car plus nous devenons efficaces, et plus nous serons capables d'obtenir pour l'usine certains contrats que détiennent actuellement nos compétiteurs.

À titre de chef d'entreprise, tu auras à tenir fermement la barre du gouvernail si des différences d'opinions ou des disputes éclatent au sein de ton équipe. Si tu acceptes les recommandations d'un mécanicien plutôt que celles de son chef, assure-toi d'expliquer diplomatiquement ta décision au chef mécanicien. Une approche avec doigté serait de lui concéder que même si le temps risque de lui donner raison, tu préférerais qu'il ne s'oppose pas pour l'instant à ta décision.

Voici maintenant la partie excitante: celle où on dépense de l'argent. C'est à cette étape-ci que s'établit ou non le bien-fondé de tes arguments, fais donc tes devoirs très soigneusement, sinon nous aurons plus de problèmes qu'une grouse n'a de plumes. Rends-toi chez les compagnies d'équipement pour y prendre en considération les différents modèles disponibles. Choisis-les, bien sûr, conformément aux dimensions et à la puissance dont nous avons besoin; il ne sert à rien d'acheter un modèle dont la capacité est de 300 par minute si nos machines pour le remplissage et l'étiquetage ont un rendement de 100 par minute. Nous avons besoin d'une chaîne de fabrication équilibrée. Et garde bien à l'esprit qu'avant de pouvoir emballer sur une chaîne 25 000 unités par période de travail d'une équipe, nous devons premièrement être capables d'en fabriquer une telle quantité.

Avant d'acheter n'importe quelle pièce d'équipement neuf, assure-toi de l'observer en état de marche. Trouve quelqu'un qui possède déjà le type d'équipement que tu envisages d'acheter, demande à le voir, et amène avec toi un mécanicien et le directeur de l'usine pour qu'ils posent des questions pertinentes à propos de son fonctionnement. Rien n'est plus révélateur que d'observer de quelle façon le *propriétaire* d'une machine utilise la sienne et quel est son degré de satisfaction. Si l'équipement n'offre pas les performances qu'on lui avait promises, il te le dira sans doute très rapidement. Personne n'aime se «faire avoir». Si tel fut le cas, il s'empressera probablement de t'en parler pour t'éviter de commettre la même erreur.

Finalement, assure-toi de t'enquérir de détails particuliers tels que la durée de la garantie, la disponibilité des pièces de rechange, et le service après-vente qu'offre le fournisseur. Tu devrais alors disposer de suffisamment d'éléments pour prendre ta décision de concert avec le reste de ton équipe. Il ne serait pas juste d'avoir fait appel à leur «matière grise» tout au long du processus, et de les exclure ensuite de la célébration de la victoire.

Après la livraison du nouvel équipement et d'une certaine période d'ajustement, tu seras capable de juger de la bonne décision ou non de ton équipe. Si vous avez choisi ensemble une bonne pièce d'équipement, dis-leur — pour qu'ils puissent se réjouir avec moi. Si vous avez fait une gaffe, dis-leur aussi — pour que lorsqu'ils m'entendront te traiter d'imbécile, ils puissent comprendre pourquoi. Selon mon estimation, le blâme complet te retomberait sûrement sur les épaules — mais si mon évaluation de ces gens est exacte, ton équipe s'en sentira beaucoup plus mal que toi — et sans un seul mot de ma part, ils verraient mordicus à ce que le prochain achat soit vraiment quelque chose de sensationnel. («Nous n'aurions pas pu supporter que le «vieux» nous prenne pour une bande d'idiots! Donner le meilleur de nous-mêmes, voilà ce qui compte!»)

Le travail d'équipe requiert plusieurs années d'expérience et d'efforts en commun, et jusqu'à présent, c'est l'un des outils les moins utilisés dans le domaine des affaires. Rappelle-toi quand tu étais quart-arrière. Peu importait ton niveau de performance au cours des matches, ton équipe n'obtenait des saisons victorieuses que lorsque le moral de l'équipe *entière* était élevé et lorsqu'un effort maximum était fourni par chacun des joueurs. C'est la même chose ici dans le vrai monde.

Cependant, après tout ce qui a été dit et fait, je sais — et je voudrais que tu t'en souviennes — qu'il *est* absolument impossible de plaire à tout le monde *et* à son père en même temps.

J'ai signé,

Monsieur perfection
lui-même

Sur le bonheur

Le fils a formulé certaines questions philosophiques: «Comment atteint-on le «vrai» bonheur dans la vie?» «Qu'est-ce qui fait qu'on devient un «homme»? «Pourquoi y a-t-il des gens en compagnie desquels nous sommes toujours contents et heureux de nous trouver et d'autres que cinq minutes passées en leur présence nous paraissent une semaine?»

Cher fils,

J'ai passé énormément de temps dans ma vie à essayer de répondre pour moi-même à ces questions que tu poses. Les gens possèdent différentes théories sur ces trois sujets. Pour ta première question, les écrits de Viktor E. Frankl, un psychiatre autrichien qui a survécu aux camps de concentration nazis lors de la Seconde Guerre mondiale, ont été parmi les plus instructives de mes lectures et ont probablement eu le plus d'influence sur ma pensée à propos de ce sujet. Il a développé de nouvelles théories sur le bonheur. Sigmund Freud pensait que le bonheur s'accomplissait par le plaisir. Alfred Adler croyait qu'on l'obtenait par la poursuite du pouvoir. Eh bien, j'ai bien peur que les deux gentilshommes précités aient tous les deux raté le bateau, en ce qui me concerne, si on compare leur notion du bonheur avec celle du docteur Frankl. Nous entrerons plus avant dans ce sujet un peu plus tard.

Qu'est-ce qui fait qu'un homme est un *homme*? Eh bien, je dirais que le premier point essentiel est de prendre conscience que chacun possède un *esprit* unique, individuel, créé *par* soi-même, à *l'égard* de soi-même. Ce n'est que lorsque tu comprends cela, et que tu maîtrises le pouvoir que cela met à ta disposition que tu peux vraiment commencer à réaliser ta *propre destinée*. Ce n'est qu'à ce moment-là que tu n'auras plus à attendre les autres, à marcher dans leurs pas, à chercher leur aide. Tu te fieras essentiellement sur *toi-même*. Vu qu'il ne peut être créé que par toi-même, ton esprit est une combinaison de cellules humaines qui te sont propres et qui sont différentes de celles de tout autre âme humaine. De ce fait, toutes les autres âmes possèdent une influence limitée sur le développement de cet aspect de ton être. Francis Bacon écrivait: «Le moule de la fortune d'un homme est en grande partie entre ses mains». Il en va de même pour modeler l'esprit d'un homme.

La *liberté* joue un rôle essentiel et fondamental dans le développement de l'esprit d'un être; en fait, peu de gens s'arrêtent pour en prendre conscience. Peu sont avertis de la liberté que chacun de nous exerce lorsque nous acceptons ou rejetons un instinct. La grande force de chaque être humain réside dans sa liberté de choisir de quelle façon il veut répondre aux défis de la vie. Si on te donne un travail difficile à faire, tu peux décider de t'en plaindre et de te lamenter sur ton sort, ou tu peux te dire à toi-même: «C'est un travail difficile, désagréable, mais je vais le faire et le bien faire». Si tu adoptes cette dernière attitude, cela rendra ton travail plus facile à accomplir, et qui plus est, tu auras le sentiment d'avoir accompli quelque chose lorsqu'il sera terminé. Le fait de découvrir et d'exercer pleinement ta liberté de *choisir* tes attitudes face aux défis de la vie affectera grandement ton taux de réussite en ce qui a trait au bonheur. C'est en développant ton esprit et en exerçant ta liberté de choix d'attitudes que les *responsabilités* de la vie deviennent plus faciles à reconnaître, à accepter, et à remplir. Cela va de soi. Dans les mots de monsieur Frankl, la responsabilité est: «Le fondement de l'existence humaine». D'après mes observations, les gens qui assument leurs responsabilités sont ceux qui tirent le meilleur parti de leurs vies. J'ai également remarqué que bien des gens ont une peur inhérente d'accepter des responsabilités, et cette peur ressemble beaucoup à celle de l'échec. Je souhaiterais pouvoir rappeler individuellement à de telles personnes que le fait d'avoir essayé et échoué n'est pas un déshonneur; *ne pas* avoir essayé est un *désastre*. Accepter d'être responsable, c'est accepter le défi. L'acceptation de défis ouvre la porte à de magnifiques réalisations dans notre vie.

Lorsque nous lisons la biographie de grands personnages qui ont vécu ou qui vivent en ce moment sur cette terre, nous lisons aussi de «grands esprits». Pour gouverner leurs vies, ils ont dans le cœur un compas constamment réglé sur la liberté de choix dans les attitudes et sur l'acceptation de la responsabilité individuelle. Lorsque je lis, dans leurs biographies, les échecs et les déceptions qu'ils ont surmontés alors qu'ils escaladaient les plus hauts sommets du succès, je suis toujours rempli du plus grand respect pour leur patience, leur courage, et leur ténacité. «La route qui conduit aux plus hauts sommets de la grandeur est une route ardue», disait Sénèque, 50 ans avant notre ère. Cette même route n'est pas plus facile de nos jours.

Le mot de passe est de prendre des décisions clés, car, tout compte fait, la réussite de ta vie repose sur ce point. À chaque embranchement de la route, tu devras décider de la direction que tu voudras suivre, mais tu devras premièrement décider de *marcher* sur cette route.

Aujourd'hui, il y a énormément de gens malheureux qui trouvent bien peu de signification à leurs vies — surtout chez les jeunes. Il se peut qu'un manque *d'objectifs* en soit largement responsable. Sans buts, aucune réalisation ou réussite ne peut leur apporter le bonheur. Pour une raison ou une autre, ils ont échoué à exploiter le pouvoir potentiel de leurs talents, et pour cette même raison, ils se regarderont sans aucun doute un jour dans un miroir, et diront à même les mots de Friedrich Hebbel:

«L'homme que je suis pleure amèrement
l'homme que j'aurais pu être.»

Certaines personnes blâment notre niveau de vie relativement élevé d'avoir créé une jeune génération indolente et insatisfaite. Cela n'est pas nouveau. Les Grecs, les Romains, et bien d'autres peuples, ont éprouvé des troubles similaires avec leurs jeunes, de même qu'avec beaucoup d'adultes. Non, ce n'est pas notre niveau de vie qu'il faut surtout condamner, il faut avant tout critiquer notre échec à développer l'esprit; notre échec à utiliser la liberté de choix et d'attitudes lorsque nous prenons une décision, notre échec à accepter la responsabilité de nos actes. Ce n'est que lorsque nous réussissons à intégrer tous ces facteurs dans notre vie que notre existence trouve sa signification et son but.

Il me semble que bien des gens, plutôt que de se *battre* honorablement pour survivre, se sont mis à *courir*: à courir vers la sécurité que représentent pour eux l'aide sociale, l'église, des amis, et tout un assortiment de soutiens sociologiques, incluant, bien sûr, les drogues et l'alcool. Ces âmes errantes ne savent pas que le seul antidote réel contre les difficultés ne peut venir que de *l'intérieur*, de cette liberté de choix que chacun de nous possède de décider des attitudes que nous allons adopter — positives

ou négatives — face aux revers de la vie. De telles personnes se cachent, à lire de la fiction, à regarder des
héroïnes et des héros fictifs de la télévision représentant
des scènes et des réalisations fictives de la vie — se
contentant de toujours laisser à quelqu'un d'autre —
même à des personnages de pure fantaisie — le soin de
faire dans la vie les choses qu'elles *aimeraient* faire, mais
qu'elles n'essaient jamais de faire. C'est triste! Mon re-
mède? Qu'elles lisent des œuvres non fictives, qu'elles
apprennent ce que des êtres humains *réels* ont accompli
ou accomplissent dans leur vie, pour qu'elles en arrivent
à se dire: «Hé! Pourquoi pas moi?»

Le docteur Frankl, dans son livre, *The Doctor and the
Soul* (Le docteur et l'âme), dit tout cela et bien plus,
beaucoup mieux que moi. Sa définition du bonheur est
l'*accomplissement* de quelque chose, et tout bien considéré,
n'a-t-il pas tout à fait raison? Il est passablement difficile
de simplement s'asseoir et de se *dire* à soi-même qu'on va
être heureux. Le bonheur n'est pas quelque chose que tu
peux créer à partir de rien, ou d'objets matériels — même
ces choses essentielles à notre vie quotidienne. Je suis
d'accord avec le docteur Frankl que nos meilleurs moments de vrai bonheur surviennent lors de l'accomplissement de quelque *objectif* que nous avons fixé pour nous-
même. Cela peut être un geste aussi simple que de
nettoyer la cour arrière ou une réalisation aussi exceptionnelle que d'être élu par vos concitoyens à un poste particulier. Le bonheur, ce peut être d'aider quelqu'un — un
ami, ou encore mieux, quelqu'un que tu ne connais pas.
C'est aussi d'obtenir de bonnes notes à l'école, d'apprendre à conduire une automobile, à piloter un avion, à
rouler à bicyclette. Le bonheur, c'est *accomplir* quelque
chose.

Ton grand-père était un homme heureux dans la vie,
il atteignait des objectifs que la plupart des gens ne consi-
déreraient pas comme de grandes réussites. Mais pour

lui, c'était là de *grands* objectifs. La paix et la satisfaction qu'il ressentait en lui-même après une dure journée de labeur étaient quelque chose à voir; et je peux t'assurer qu'il vécut bon nombre de journées semblables. Sa vie en était une de durs labeurs continuels sur un projet ou un autre. À son 80e anniversaire de naissance, lorsque je lui demandai comment il se portait, il répliqua qu'il n'avait pas de problème avec la vie tant et aussi longtemps qu'il avait quelque chose à faire en se levant le matin. À 85 ans, lorsqu'il n'eut plus de choses bien précises à accomplir chaque jour, sa santé se détériora rapidement.

Donner une signification à notre existence, c'est ajouter de la qualité et de la longévité à sa vie. Un seul instant privilégié, une simple tâche, l'acceptation des bons et des mauvais jours dans une même détermination d'agir de notre mieux dans les deux cas, concourent à donner une signification à l'existence. Faire face à ce que nous réserve le futur avec courage et dignité améliore notre qualité de vie.

Le bonheur accompagne l'accomplissement. L'accomplissement est le produit d'attitudes et de choix faits librement, de responsabilités acceptées et dont on s'acquitte, et d'esprits forts et indomptables toujours prêts à *essayer*.

> *«La valeur de la vie réside non pas dans le nombre de jours, mais dans l'usage que nous faisons de ces journées: un homme peut vivre longtemps, et n'obtenir que peu de la vie. Que vous trouviez la satisfaction (le bonheur) dans la vie dépend non pas du compte de vos années, mais de votre volonté.»*

Ainsi parlait Montaigne il y a environ 400 ans.

Je reste par bonheur,

Ton compagnon de route

Sur le licenciement des gens

Le fils, ayant à licencier le directeur de bureau de la compagnie, trouve cette tâche pénible et ennuyeuse. Le père, habitué à ce genre de situation, offre quelques mots d'assistance sur le sujet.

Cher fils,

Le souci et le malaise que tu éprouves à devoir mettre un terme aux services de notre directeur de bureau dénotent une sensibilité que j'aime voir chez une personne. Cela signifie que tu te *soucies* des autres êtres humains et que tu es conscient des bouleversements, voire même du désespoir, qu'une telle tâche pourrait provoquer dans la vie de d'autres personnes. J'aime ton cœur.

Cependant, si je peux me permettre d'être l'avocat du diable, je te dirais que tu ne dois jamais perdre de vue le fait que le succès de ton entreprise dépend de la qualité et de la quantité de travail que tes employés accomplissent collectivement et individuellement. Si un employé ne fait tout simplement pas l'affaire dans le poste qu'il occupe, il représente une valeur négative pour la compagnie — négative par opposition à la valeur d'une personne possédant les compétences requises pour cet emploi.

Malheureusement, la personne représentant une valeur négative pour une compagnie — étant donné qu'elle ne peut faire autrement que de s'en rendre compte, se retrouve habituellement dans la même galère au niveau personnel. Et ça se comprend. Il est très difficile de laisser tous vos tracas au bureau lorsque vous nagez contre une vague qui essaie de vous pousser au large, huit heures par jour.

Certains cadres éprouvent de la difficulté à accomplir leur travail pour la simple raison qu'ils ont visé trop haut. Ils *veulent* des salaires plus élevés et le titre du poste, mais d'une façon ou d'une autre, ils ne sont pas assez qualifiés pour l'occuper. La vie d'un tel cadre d'affaires en est une de luttes et de bouleversements continuels — quant à nous, nous perdons alors de plus en plus confiance dans ses efforts.

Il y a également le cas d'une personne possédant trop de compétence pour son poste et qui s'ennuie à mourir dans l'exercice de son travail. Il aborde chaque journée à la façon d'un marin arrêté par le manque de vent: il aime la mer mais ne peut pas supporter le manque d'action. Lui aussi constitue une valeur négative pour la compagnie, car ne ressentant aucun enthousiasme pour son travail quotidien, une telle situation désavantage autant la compagnie que lui-même, et, tôt ou tard, il devient nécessaire de se priver de ses services.

Il se peut également que tu aies parfois affaire à quelqu'un dont la personnalité provoque de la dissension et nuit au moral des autres employés. J'ai vu, dans bien des cas, des gens possédant le potentiel extraordinaire de devenir des atouts précieux pour notre compagnie, qui *aimaient* leur travail, mais qui étaient incapables de s'entendre avec les autres employés. Cela était tout à fait évident, on pouvait déceler un malaise grandissant parmi les autres employés à mesure qu'ils perdaient de plus en plus goût et intérêt à leurs tâches. N'importe quelle personne créant ce genre de discorde *doit* être licenciée avant que son attitude ne vous fasse perdre vos employés de valeur.

Dans le cas présent, il s'agit d'un individu avec qui il est, selon moi, des plus difficiles de travailler, que l'on soit son subordonné ou son patron. Même si son travail est acceptable et satisfaisant, sa personnalité et son attitude ne le sont absolument pas. Il affirme trop souvent et de façon très claire que certaines de nos fonctions ne sont pas dignes de lui. Il est temps de lui en retirer le contrôle. Plusieurs employeurs laissent perdurer de telles situations alléguant, au bout du compte, que les bons côtés de l'employé valent bien ses travers. J'appelle cela de la procrastination. Relever quelqu'un de ses fonctions n'est jamais une tâche agréable. Néanmoins, c'en est une que nous devons affronter lorsque la situation le justifie, et ce n'est pas une procrastination qui s'éternise qui nous facilitera la tâche.

En mon temps, j'ai eu à licencier beaucoup de gens — comme tu auras à le faire, probablement davantage maintenant. Je n'ai jamais quitté une de ces séances sans me demander: «Ai-je fait ce qu'il fallait?» Cependant, lorsque je me posais à nouveau cette question un ou deux mois plus tard, il ne subsistait plus aucun doute dans mon esprit: j'avais non seulement fait ce qu'il fallait faire, mais j'aurais dû le faire *plus tôt*.

Avant de licencier un employé, demande-toi si les talents et les capacités de cet employé pourraient être beaucoup mieux utilisés ailleurs. Est-ce qu'un de ces talents a été sous-utilisé par notre compagnie? Essaie-t-il de faire face à un emploi pour lequel il n'est pas suffisamment qualifié? (Ce qui est notre erreur, pas la sienne). Si pour nous, c'est un problème de personnalité, ce type de personnalité ne pourrait-il pas constituer un atout ailleurs? Quel que soit le cas, il est important de remercier cet employé sans soulever trop de remous. De cette façon, vous en sortez gagnants tous les deux. *Tu* ne t'es pas fait un ennemi et *il* devrait être en mesure de se trouver sans trop de peine un emploi ailleurs. C'est le moins qu'on puisse faire pour aider son semblable.

Pour licencier l'employé avec le plus de ménagement possible, sois avare de tes critiques lorsque surgira l'inévitable «pourquoi?» Tu ne dois pas mentir, car cela vous rabaisserait tous deux. Au lieu de cela, explique calmement en très peu de mots, pourquoi tu as pris cette décision et pourquoi l'autre personne conviendrait mieux pour ce poste à long terme. «Je suis désolé, c'est un problème de personnalité». «Je suis désolé, vos talents ne correspondent pas à cet emploi». (Il est trop ou sous-qualifié). «Je suis désolé, mais je sais que vous serez plus heureux ailleurs».

À chacune de ces occasions, j'essaie de venir rapidement sur le sujet d'une lettre de recommandation et sur les possibilités d'emploi autre part. Il n'y a jamais eu un homme ou une femme ayant travaillé pour moi pour lequel ou laquelle je n'ai pas — ou ne pouvais pas — fournir une lettre de recommandation (même si je suis persuadé qu'il y a beaucoup de gens dans le monde pour lesquels on ne pourrait pas en fournir une). En dotant l'employé que tu viens de licencier d'une lettre de recommandation et de ton assistance pour l'aider à se trouver un nouvel emploi, tu l'aideras énormément à surmonter sa principale et pire crainte: «Où vais-je trouver un autre emploi?» Ce genre d'aide est habituellement acceptée avec reconnaissance et appréciée à sa juste valeur. Il est de notoriété publique que la plupart des employeurs éventuels d'aujourd'hui vérifient les références d'une personne avant de l'embaucher. Assure-toi que ton ex-employé quitte ton bureau sans se demander *comment* se trouver un autre emploi, mais *quand* il le trouvera.

Ce *quand* occasionnera quand même de l'inquiétude, de l'angoisse au point de vue financier, cela est certain, avant qu'un nouvel emploi soit assuré. Nos lois sont très équitables dans de telles situations à l'égard des cadres supérieurs, stipulant qu'une partie du salaire doit continuer d'être versée pendant que la personne se cherche un nouvel emploi: le montant versé dépend du nombre d'années d'emploi de cette personne pour une compagnie. Je crois personnellement que chaque employeur doit à un employé ce genre de protection, surtout dans le cas d'employés permanents.

Occasionnellement, lors du licenciement d'un employé, il se produit une situation délicate attribuable au mécontentement que tes offres en indemnités de licenciement soulèvent. Parfois, même si tu sens que cette personne ne mérite pas cet argent, un mois ou deux de salaire supplémentaire peut éviter le recours aux avocats, aux tribunaux, et surtout, cela peut t'épargner le caractère vindicatif d'ex-employés mécontents.

N'importe quel employé licencié ressent inévitablement le poids de l'échec, de la peur, une perte de fierté, de l'angoisse et le chambardement le plus complet. En ta qualité de concitoyen de l'univers, il est de ton devoir de minimiser ces sentiments autant que possible, à la fois humainement et financièrement parlant. Si tu agis ainsi, peu importe alors combien difficiles, désagréables, embrouillées ou pénibles que puissent s'avérer de telles situations, tu peux être assuré qu'au moins l'un de vous en sortira la tête haute. *Toi.*

Grave de façon indélébile dans ta mémoire, dans ton cœur et dans ton esprit que, seule une sélection prudente et méticuleuse des employés dès le départ, réduira le nombre de licenciements que tu seras appelé à faire. Cela ne les éliminera pas tous; le va-et-vient des gens à l'intérieur des groupements d'affaires a toujours existé et existera toujours.

Dans le domaine des affaires, il existe des tâches agréables et d'autres qui le sont moins; ces deux sortes de tâches sont intimement mêlées à la conduite de n'importe quelle opération qui va de l'avant. Tu ne peux pas ignorer les tâches difficiles et n'accomplir que celles qui te plaisent. Il te reste donc à accomplir cette dure tâche avec *cœur*.

Ton humble serviteur,

Le directeur du personnel

L'amitié

Lors d'une période de réflexion, le fils se dit que bien qu'il ait entretenu un certain nombre d'amitiés intimes à l'intérieur de son cercle d'associés d'affaires au cours des dernières années, il lui arrive rarement de revoir ses anciens amis. Cette situation le trouble.

Cher fils,

Qu'est-ce que l'amitié a à voir avec les affaires? Eh bien, dans certains cas, cela compte pour beaucoup; à d'autres occasions, cela n'a aucun rapport surtout lorsque c'est une façon voilée et détournée d'obtenir quelque chose de quelqu'un d'autre. Dans le monde des affaires, tu rencontres bien des gens, tout un échantillonnage de la société avec lesquels tu t'associes: des employés d'usine, des acheteurs, des fournisseurs, des clients, des fonctionnaires; tous ceux-là s'ajoutent à ceux que tu rencontres à l'extérieur du domaine des affaires: des voisins, les membres d'un cercle ou d'une église, des commis de magasin, des mécaniciens et, dans ton cas, d'autres pilotes et pêcheurs. C'est beaucoup de monde. Ils ne deviennent pas tous tes amis intimes, mais ils contribuent tous, dans une certaine mesure, à ton bonheur de te lier à d'autres êtres ici-bas.

Samuel Johnson a dit un jour: «Je considère que ma journée est perdue lorsque je ne fais pas la connaissance de quelqu'un». C'est une excellente pensée, car comment pourraient naître autrement les amitiés? Quelqu'un rencontre une nouvelle personne, des plaisanteries sont échangées, la conversation tisse des liens et une amitié commence par un «Pourquoi ne pas déjeuner ensemble de temps à autre?», qui sert souvent de catalyseur à l'amitié. Soit dit en passant, ne faites jamais une telle invitation si vous n'y tenez pas vraiment, car ne pas y donner suite est souvent interprété comme un manque de sérieux.

À partir de telles rencontres fortuites jaillissent les premières fleurs de l'amitié, et la nature humaine te fait automatiquement savoir quelles personnes tu préfères sur la route de tes amitiés personnelles. Rien n'est plus vain et frustrant que d'essayer de cultiver une amitié avec quelqu'un qui ne ressent pas ce même désir. Il est encore pire cependant d'être cette personne pour qui le courant ne passe pas, alors que quelqu'un d'autre tente désespérément de devenir votre ami. Dans de telles occasions, essaie d'être le plus aimable possible. Lorsque la recherche d'une amitié est sincère, cela signifie que quelqu'un a trouvé en toi quelque chose qu'il admire, ne le blâme donc pas indûment de solliciter des rapports plus étroits avec toi.

Les relations humaines ont donné naissance aux amitiés les plus solides du monde. Habituellement, les plus importants de ces magnifiques liens humains se trouvent dans l'amitié d'un homme et de sa femme. J'espère, mon fils, que ton second lien le plus important sera l'amitié que tu partageras avec tes enfants, puis, avec ton père et ta mère, et le reste de ta parenté. Je dis *«j'espère»*, car l'une des tragédies les plus fréquentes de la vie est l'abandon de cette amitié par des gens que les liens du sang ou le mariage ont réuni ensemble. Ces amitiés des plus précieuses et des plus intimes requièrent un soin et une bienveillance assidus. Il en est de même pour les amitiés que tu entretiens à l'extérieur de ta famille; elles aussi ont besoin d'être nourries pour demeurer bien vivantes.

Une habitude caractéristique des gens qui ont une personnalité forte est de n'avoir (comme Confucius le disait en 500 avant Jésus-Christ): «(...) aucun ami qui ne soit égal à toi-même». Selon moi, son conseil suggère que nous pouvons nous aider nous-même dans la vie en ne devenant ami qu'avec des gens qui ont des normes égales ou supérieures aux nôtres; des gens capables de nous influencer à devenir meilleurs, et jamais moins que ce que nous sommes. Cela est plein de bon sens, et je crois que ça va même beaucoup plus loin.

Être apprécié par quelqu'un que *tu* respectes et admires ne peut pas faire autrement que de stimuler ta confiance en toi-même car cela signifie que toi aussi, *en retour*, tu es respecté, admiré, recherché pour ta conversation et pour ta compagnie. L'un des compliments ou l'une des sensations les plus agréables est d'être invité à assister à un événement avec une personne ou un couple que tu admires — surtout si c'est une occasion spéciale ou une réunion intime.

Tu m'as entendu expliquer à plusieurs reprises à quel point nous n'utilisions qu'une petite partie du pouvoir de notre cerveau dans la vie et à quel point le pouvoir potentiel de notre cerveau était laissé en friche pendant des années. Il n'y a rien comme une bonne conversation stimulante avec un ami de notre calibre pour alimenter et développer le pouvoir du cerveau; rien de mieux pour obtenir plus de la vie et ajouter davantage à la vie.

Sir William Osler a quelques mots à ton intention: «Dans la vie d'un jeune homme la chose la plus essentielle au bonheur est le don de l'amitié». On n'a jamais rien dit de plus vrai. Car, que pourrais-tu demander de plus que

175

la *camaraderie* dans les sommets et les vallées de la vie? À qui d'autre qu'à un ami proche et précieux peux-tu te vanter de tes succès et te plaindre de tes échecs ou de tes pertes?

Qu'est-ce qu'un «bon ami»? Comment peut-on le mieux le décrire? Eh bien, j'ai remarqué que même si bien des gens peuvent *pleurer* avec toi, seuls quelques-uns peuvent se *réjouir* sincèrement avec toi. Par conséquent, selon moi, un bon ami est celui qui peut se réjouir de tes succès sans t'envier; celui qui pourra dire: «Cela est merveilleux! Tu peux le refaire encore, et même *mieux* si tu le veux!», et il le pensera vraiment. Rien ne met plus à l'épreuve une amitié que la prospérité de l'un quand l'autre n'est pas prospère. Il arrive souvent que les amitiés les plus intimes (et certains mariages) ne puissent pas résister à une telle tension, à un tel malaise. Il n'est donc pas étonnant que plusieurs amitiés moins solides se terminent pour la même raison.

Une personne dotée d'un bon caractère, d'une haute moralité, d'honneur et d'humour, de courage et de convictions, est un ami qu'il faut rechercher, choyer et garder précieusement, car il en existe peu. Nous entendons trop souvent: «Si tu peux compter tes vrais amis sur plus que les doigts d'une seule main, considère-toi très chanceux». Et même alors j'ajouterais: «Même si tu as perdu deux doigts de cette main à cause de la scie électrique».

Qu'est-ce qui fait qu'une amitié dure? Eh bien, je ne connais pas toutes les réponses, mais j'ai observé que la plupart des bons amis ont habituellement des goûts semblables. En général, ils aiment ou n'aiment pas plusieurs des mêmes choses. Ils semblent également exister un parallèle au niveau des traits de personnalité — en particulier par rapport aux valeurs fondamentales de la vie telles que l'honnêteté, la sincérité, la loyauté et le sens de la responsabilité. Plus souvent qu'autrement: «Qui se ressemble s'assemble». Je ne pense pas que ça change grand-chose que l'un préfère le jazz ou le hockey et que l'autre penche plus pour Mozart ou le ballet. Il y a des choses qui importent beaucoup plus: avoir confiance, compter sur l'autre, partager, donner, prendre, se réjouir ensemble; une oreille toujours prête à vous écouter; une critique constructive au bon moment; des éloges, ne serait-ce que pour aider l'autre en certaines circonstances. Sur cette terre, tu ne trouveras pas beaucoup de monde avec qui tu auras autant d'affinités. Quand tu trouveras un tel être, ne le lâche pas, car un authentique ami est un rare trésor.

Pour commencer ou maintenir une bonne amitié, cela suppose un investissement en temps, en attentions et en prévenances, un coup de fil au moins une fois par mois, un déjeuner à tous les deux mois ou presque. Ne laisse pas couler trop d'eau sous le pont entre les rencontres. Les bonnes amitiés ont besoin d'être gardées à l'œil. Tout comme le fermier qui vérifie et répare sa barrière régulièrement pour éviter que son bétail ne s'égare; de même, les liens de l'amitié doivent également être vérifiés et chaque difficulté doit être aplanie pour éviter qu'un bon ami s'écarte de vous pour cause de *négligence*.

Il est essentiel de se faire de nouveaux amis au fil des jours. Celui qui ne pense pas ainsi trouvera plus souvent qu'il le souhaiterait la solitude comme amie de cœur. Ce monde est rempli de gens intelligents, pleins d'esprit et suprêmement intéressants. Tu ne peux pas les rencontrer *tous*, mais tu prendras le temps d'essayer de faire la connaissance de plusieurs, je l'espère de tout cœur pour toi. L'amitié est sans aucun doute le piment de la vie. Je ne manque jamais une occasion d'avoir le plaisir de converser avec un nouvel ami et d'écouter ses points de vue sur la vie. Que je sois d'accord ou non avec lui n'a pas vraiment d'importance. Si je respecte mon nouvel ami, je respecterai ses façons de voir — et je m'attends à la même chose de lui en retour. Un débat animé aiguise nos sens, met à contribution les pouvoirs de notre cerveau et, au bout du compte, rehausse et ajoute une note vive à nos vies.

Je souhaiterais avoir rencontré Samuel Johnson qui vécut au XVIIIe siècle, mais malheureusement, étant donné qu'il est décédé depuis très longtemps, il m'a fallu entretenir une amitié avec lui à travers ses écrits. Il avait une conception brillante de la vie et de l'humanité, il était d'une exceptionnelle *perspicacité*. Ses écrits en témoignent, de même que le fait qu'il était un homme possédant beaucoup de *bon sens*.

Il vécut jusqu'à 75 ans, ce qui représentait bien plus que l'espérance de vie moyenne de cette époque, et je suis convaincu que son attitude lucide vis-à-vis de la vie et de l'humanité y fut pour beaucoup dans cette longévité. Je suis tout autant convaincu que cela rendit son passage sur terre agréable — probablement beaucoup plus agréable que ce que la plupart de nous expérimentons. Deux ans avant sa mort, il écrivit:

> «*Il n'est certainement pas sage de laisser l'amitié mourir dans le silence et la négligence. C'est de perdre volontairement l'un des plus grands réconforts de cet épuisant pèlerinage.*»

Tu partageras de grandes amitiés au cours de ta vie, j'en suis persuadé. Tu as actuellement de magnifiques amis à qui tu peux te vanter ou faire tes doléances, qui sont constants, toujours là quand tu as besoin d'eux. J'espère seulement que tu protègeras ces liens bien mieux que le temps et les circonstances ont tendance à le permettre. À part les affaires, la famille et les passe-temps, un ami est le seul «parapluie» que l'on cherche parfois les jours de pluie; le seul «soleil d'approbation» que l'on sollicite lorsqu'une grosse transaction vient d'être conclue.

Soit dit en passant, tu peux te vanter ou te plaindre à *moi* autant que tu voudras; j'espère seulement qu'il en est de même pour toi!

Sincèrement,

Ton ami

À propos de la critique

Les tentatives du fils pour corriger certains problèmes d'un de ses clients ont été sévèrement critiquées par ce dernier. Le père cherche à placer cet incident dans une perspective plus claire.

Cher fils,

La critique de Harry sur ton compte, la semaine dernière, se voit encore sur ton visage et dans ton comportement cette semaine. Cela a clairement eu des effets négatifs sur ta psyché. Peut-être le méritais-tu, peut-être que non; de toute façon, il est évident que cette critique a beaucoup meurtri ton ego.

Lorsque le Créateur nous a créés, Il a doté la plupart d'entre nous d'un épiderme sensible, puis composa avec cette erreur en nous attribuant un moral que l'on peut facilement blesser. Il en a été ainsi depuis le début des temps et il en sera sans aucun doute ainsi jusqu'à la fin des temps.

Plus souvent qu'autrement, la critique n'est pas la recherche d'une faute; c'est quelqu'un d'autre préférant que tu dises ou fasses ce qu'*il* veut que tu dises ou fasses. Quel *est* ce quelqu'un d'autre, voilà ce qui importe vraiment? Avant que tu ne laisses certaines critiques t'attein-

181

dre profondément et t'occasionner des jours et des semaines de tourments, il serait prudent d'en vérifier la source: celui qui te critique. Critique-t-il les autres de façon régulière? Plusieurs personnes agissent ainsi; c'est un défaut de personnalité commun aux plus forts et aux plus faibles des êtres humains. Malheureusement, c'est souvent la préoccupation majeure des êtres faibles; leurs petits esprits étroits et leurs intérêts superficiels étant trop bas à l'échelle de la vie pour leur insuffler des pensées plus élevées.

Selon mon évaluation, seul 10 % des gens que tu croiseras sur les chemins de la vie mérite que tu t'arrêtes à considérer leurs critiques. L'autre 90 % des gens est habituellement motivé par l'envie, la malice, la stupidité, ou tout simplement par de mauvaises manières; bien sûr, tout cela peut atteindre ton moral, *si* tu permets que ton cerveau en soit rongé. L'idéal est d'évaluer instantanément celui qui te critique. Est-ce quelqu'un que tu respectes? C'est la première question à te poser. Si ton critique fait partie du 90 %, oublie *rapidement* ce qu'il a dit, car une critique non méritée ou malicieuse, une fois acceptée et absorbée, peut te tirailler pendant des jours et des jours et des nuits entières.

La critique, comme n'importe quelle arme, peut s'avérer destructrice et dévastatrice, par conséquent, elle doit être manipulée habilement, dispensée avec *grand* soin, sinon elle risque de démolir le moral de n'importe quel brave type qui se fait prendre injustement dans sa ligne de tir. D'un autre côté, la critique peut être un outil extrêmement efficace. Lorsqu'elle est administrée adroitement par un *sage* critique bien intentionné, elle peut infiniment aider l'autre dans le chemin de la vie.

Une critique constructive, utilisée si adroitement que la personne qui la reçoit se rend à peine compte qu'elle est critiquée, constitue une force potentielle de bien pour propulser quelqu'un d'autre vers les plus hauts sommets. Lorsqu'elle est utilisée au hasard et sans beaucoup de réflexion, la critique peut facilement se retourner contre soi-même. La ligne de démarcation est bien mince entre la critique constructive ou destructive — corriger quelqu'un pour qu'il s'en retourne déterminé à faire mieux, ou qu'il s'en retourne blessé et démoralisé. Si, à titre d'employeur, ta critique provoque cette dernière attitude de la part d'un employé, tu auras foutu en l'air l'efficacité de cette personne pour des jours et des semaines à venir. Qui plus est, c'est ton travail de susciter tout à fait le *contraire* chez tes employés.

La plupart d'entre nous avons tendance à oublier à quel point nous sommes différents, à quel point l'esprit de chaque individu fonctionne différemment et quelle est la grande variété de personnalités et de traits de caractère que nous possédons tous. Celui qui administre sagement la critique n'oublie *jamais* cela; il sait qu'aucun homme ne perçoit la critique de la même façon, c'est pourquoi il évalue avec soin sa propre critique et celui à qui elle est destinée avant même de communiquer ses remarques. En affaires, il est important que les gens travaillent dans une bonne atmosphère et d'une façon raisonnablement heureuse. Si le comportement d'une personne, son attitude ou son style de vie mettent à dos les autres au détriment de notre bon fonctionnement, certaines critiques à l'endroit de cette personne seraient justifiées, mais assure-toi qu'elles soient les plus constructives et utiles possible.

Comme je l'ai déjà dit, nous sommes tous différents et la plupart d'entre nous ont l'épiderme sensible. Le fait d'être différents favorise la critique; le fait d'avoir l'épiderme sensible, d'être susceptibles, concourent à ce que la critique nous blesse et nous atteigne parfois trop profondément. Même lorsqu'un conseil précieux est offert par un sage et judicieux critique avec tout le tact et la diplomatie possibles, il y a des gens qui n'en profiteront jamais, qui n'y gagneront pas et qui ne feront qu'en souffrir. Ce sont de pauvres âmes *trop* susceptibles, qui traversent la vie en étant condamnées à l'angoisse, car elles ne peuvent pas accepter les offres d'aide de qui que ce soit; elles n'entendent que la voix de leurs erreurs et pas un seul mot sur la façon de les redresser.

On peut parer aux dangers de la critique en s'y préparant avec soin, par le choix des commentaires et par la façon de transmettre le message. Le critique qui néglige l'un de ces facteurs en est un que personne n'écoute, que personne n'aime, et dont personne ne prise la proximité. Un tel individu, en créant toutes sortes de résistances passives parmi les employés, peut t'occasionner une horrible perte au niveau du rendement. Méfie-toi d'un tel personnage — surtout dans ton équipe de direction, car il te coûtera très cher.

Depuis récemment, la «qualification du travail» est à la mode dans le domaine des affaires. Une fois par année, vous faites venir un employé, le faites asseoir et vous lui dites tous ses bons et mauvais points. Je n'aime pas cette façon d'évaluer la productivité d'une personne car, à mon avis, cela va à l'encontre de la nature humaine. Il est très rare que l'être humain moyen puisse bien accueillir les éloges ou la critique lorsqu'ils sont prodigués à hautes doses. Je conduis mes évaluations d'emploi de notre personnel clé quotidiennement, distribuant un compliment pour du bon travail ou servant une réprimande pour un manquement. Accumuler tous les points positifs et négatifs, et en faire part à la personne concernée, une seule fois par année, va totalement à l'encontre de ma façon de faire les choses. Les évaluations d'emploi forcées ressemblent par trop au système des bulletins scolaires. Je préfère en juger par moi-même au jour le jour. Est-il sensé d'attendre pendant trois mois le jour de la «qualification du travail» lorsque l'employé éprouve des problèmes *aujourd'hui même*? C'est *maintenant* qu'il a besoin de quelques conseils. Je ne voudrais pas qu'il commette des erreurs un jour de plus si j'ai la possibilité de faire autrement. D'ailleurs, je crois fermement que la critique dispensée en faibles doses plutôt qu'à hautes doses est beaucoup plus productive et moins dommageable pour l'ego d'une personne.

Après tout ce qui a été dit, analysons maintenant ton expérience récente. As-tu bien jaugé cette personne qui t'a rabroué? Fait-elle partie de ce 90 % des gens qui ne méritent pas que tu t'y arrêtes ou de ce 10 % des gens qu'il te faut écouter? As-tu bien analysé *pourquoi* il t'a rabroué? Est-ce que sa critique n'était que mesquine ou était-ce une observation majeure dans le but de t'aider à te mieux diriger sur la route du succès? Cette critique était soit valable ou non méritée, dans le but de t'aider ou de te nuire. Si tu arrives à la conclusion que c'était dans un but négatif, retrousse tes manches et retourne en débattre, mais pour l'amour de Dieu, fais-le calmement cette fois-ci pour ne pas *justifier* certaines critiques, pour manque de maîtrise de soi.

Et comme dans l'avertissement de Samuel Johnson, tu ne dois pas permettre que «n'importe quel vent de la critique te balaie» car cela détruirait ultimement chaque gramme de confiance en toi — et il te faut *juger* toute critique *avec soin*, car comme Henry Major Tomlinson faisait observer: «Une critique mauvaise et indifférente (...) est tout aussi sérieuse que le système d'égouts mal entretenu d'une ville».

Accepte la critique que tu sais être juste et bien intentionnée; réplique si elle est malicieuse ou injustifiée. Il ne devrait être permis à personne de distribuer la critique à tort et à travers sans que quelqu'un ne s'y oppose.

Tu auras à affronter des situations similaires toute ta vie, apprends donc maintenant, en ton jeune âge, comment composer le mieux possible avec ce genre de situation. Je ne serais pas en faveur que tu apprennes par cœur trop «des conceptions de la vie» de Mao Tsé-Toung, (il n'aimait pas qu'on fasse du fric), mais le texte suivant qu'il a rédigé en est un de grand mérite:

> «Lorsque la majeure partie des gens possèdent des critères nettement définis pour régler leur conduite, la critique et l'autocritique peuvent être menées selon des règles adéquates, et ces critères peuvent être appliqués aux actions et aux mots de ces gens pour déterminer si ce sont des fleurs odorantes ou des plantes vénéneuses.»

Dans ce qui précède, *des critères nettement définis* est l'expression clé. Viens donc à mon bureau avec certains des critères de la récente critique dont tu as été l'objet. Ensemble, nous apprendrons peut-être l'un et l'autre quelque chose à partir des mots de Harry. Remarque, il est bien possible que nous apprenions également quelque chose de neuf sur le compte de Harry.

Comme toujours,

Fleurs odorantes

La sécurité financière personnelle

Le fils a demandé à son père la permission d'emprunter 500 $ de la compagnie pour un mois ou deux. Il semble que certaines «factures inattendues» ayant été oubliées ou imprévues aient surgi soudain. Le père n'est pas très content de cette requête.

Cher fils,

Lorsque tu m'as demandé 500 $ ce matin pour te permettre de tenir pendant les 60 prochains jours, j'étais pour le moins plutôt abasourdi. Te voilà administrant les affaires financières de nos compagnies évaluées à plusieurs millions de dollars: leurs budgets et les relevés financiers mensuels, élaborant les graphiques de la marge brute d'autofinancement (je dois dire que ce sont toutes des opérations dont tu t'acquittes fort bien), et tu es *fauché*, ou si tu ne l'es pas, tu es sur une mauvaise pente financière.

Au cas où cela t'embarrasserait quelque peu, si ça peut te consoler, tu n'es pas seul dans ce genre de situation. Un de mes amis dans le domaine fiscal voit continuellement défiler des hauts salariés dans son bureau, cherchant tous de l'aide en ce qui a trait à leurs affaires financières avant que le percepteur d'impôts ne les jette en prison. Cela me déconcerte! Comment se fait-il qu'ils soient assez intelligents pour administrer de grandes compagnies et incapables de gérer leur propre portefeuille? Je ne peux que présumer qu'aucune planification financière ne leur a été imposée dans leurs vies personnelles, par comparaison à celle qu'ils sont maintenant tenus de mettre en application dans le domaine des affaires.

La première erreur que beaucoup de gens font dans leur planification financière est de considérer leur salaire tel quel, avant que l'impôt sur le revenu ne soit déduit. Il est essentiel de ne pas te fier à ton salaire brut et de te concentrer sur ton salaire net après déductions d'impôts. Si tu fais une liste de toutes tes dépenses mensuelles et que tu les soustraies de ton salaire mensuel net, seule la différence devrait être considérée comme un revenu dont tu peux disposer. Tu peux utiliser ce solde de deux façons: tu peux le dépenser en son entier ou en épargner une partie. Les dépenses courantes fixes telles que les paiements d'une hypothèque ou d'un loyer, le chauffage, l'électricité, la nourriture, doivent, et le sont habituellement, réglées sans tarder. Ce sont généralement les autres dépenses qui occasionnent des difficultés financières aux gens.

L'une des commodités modernes est devenue une réelle malédiction pour plusieurs personnes: les cartes de crédit. Elles incitent fortement à acheter sous l'impulsion du moment; c'est une terrible maladie appelée la *surconsommation* qui nous afflige tous, de temps en temps, et certains parmi nous, trop souvent. Les détaillants abusent implacablement de ce type d'achats impulsifs lorsque leur fameux «Nous acceptons toutes les principales cartes de crédit» nous presse de dépenser et de dépenser, jusqu'à ce que nous dépensions outre mesure.

Une force de dissuasion immédiate par rapport aux dépenses excessives consiste à n'apporter avec toi que l'argent hebdomadaire dont tu peux disposer. Lorsque tu *vois* ton argent disparaître devant tes yeux à mesure que tu le dépenses, tu y penses deux fois avant de trop en dépenser. C'est le bon sens qui prévaut lorsque tu comptes où va ton argent plutôt que de signer nonchalamment une petite feuille de papier, pour laquelle il te faudra payer plus tard. Le montant d'argent alloué sur une base hebdomadaire pour les *extras* — (une fois que les dépenses essentielles et que le montant réservé à l'épargne ont déjà été attribués) — restera bien plus longtemps dans la poche d'un individu lorsqu'il se sera débarrassé de cette petite carte en plastique. Ce pourrait être une expérience intéressante pour toi de mettre de côté toutes tes cartes de crédit pendant un mois et de ne transiger qu'avec des espèces sonnantes. Paie *comptant* et continue d'acheter seulement s'il te reste de l'argent. Ce n'est pas une mauvaise route à suivre. C'est sûrement une route moins autodestructrice que le système des cartes de crédit dans notre société d'aujourd'hui.

Par rapport à tes ennuis d'argent actuels, tu m'as dit que certaines factures importantes «s'étaient présentées». Ma question est la suivante: «D'où sortent-elles?» Tu plaideras sans aucun doute une perte de mémoire sur le sujet, mais les factures importantes doivent être traitées comme une question importante. L'un des principes de la responsabilité fiscale est d'inscrire à son horaire et de vérifier, environ une fois par année, les mois d'échéance d'importantes factures telles que, par exemple, les primes d'assurance-vie.

Examinons maintenant ton compte d'épargne. Le but principal de l'épargne comporte deux volets: avoir de l'argent pour ces jours où des dépenses *inattendues* surviennent, (mon réfrigérateur, par exemple, ne fonctionne plus du tout depuis hier), et l'autre sert à payer ces comptes qu'on reçoit rarement dans une année, mais qu'il faut régler tous les ans — les taxes foncières, le solde dû à l'impôt du revenu et les frais de scolarité des enfants. Pour être prêt à affronter une situation fâcheuse comme celle que tu vis en ce moment, tu dois calculer quelle portion de ton salaire mensuel doit être consignée dans ton compte d'épargne et déposer ce montant aussi scrupuleusement que tu paies ton hypothèque mensuelle. Cette forme d'épargne constitue une *dépense fixe*, ou devrait l'être, étant donné qu'elle est destinée à payer des factures que tu t'attends devoir payer en cours de route.

En mettant en application la plus grande partie de ce qui précède, une personne triomphera des solutions à court terme — à la semaine et au mois — mais que penserais-tu d'une sécurité financière à long terme pour ta famille et toi? Cela commence généralement par un endroit où vivre, et personnellement, je suis d'accord avec la majorité des gens qui pensent que de posséder leur propre maison leur procurent une sécurité plus grande que d'en louer une. Il existe des exceptions à cette règle comme, par exemple, celui qui doit demeurer assez flexible, s'il veut continuer de nourrir sa famille — pour être capable de déménager, d'un moment à l'autre, d'une région où les occasions d'emploi sont instables. En général, l'investissement de base que constitue une maison reste, somme toute, ton meilleur placement: pourvu, bien sûr, que tu paies un prix équitable et que tu sois bien conscient de ce que tu peux te permettre de payer comme versement initial et pour les paiements mensuels de ton hypothèque. À ce moment-là, tu seras sur la bonne route.

Bien trop de gens achètent des maisons en réussissant de peine et de misère à faire les paiements; de cette façon, ils vident leur compte en banque chaque mois pour arriver «à arriver». Dans de telles circonstances, n'importe quel contretemps telle une maladie ou une hausse du taux hypothécaire pourrait s'avérer désastreux pour toute la famille. Pour te garder d'une telle éventualité, pour l'achat de ta maison, calcule un prix d'achat maximum qui te laisse une marge de manœuvre; et que le ciel te vienne en aide si tu ne t'en tiens pas à ce maximum.

Pourquoi une maison est-elle un bon investissement? Selon l'actuelle législation concernant les contributions, contrairement à d'autres formes d'investissement, tout gain de capital qui s'applique à la vente de ta maison est non imposable.

Cela constitue en fait un second compte d'épargne. Le bénéfice net que te procurent tes paiements sur capital ou une augmentation sur le marché de la valeur de ta maison par rapport à ton prix d'achat, tout cela s'élève rapidement. Par comparaison, vérifie le taux de rentabilité que tu obtiens dans un investissement qui est imposable. Une fois le montant imposable déduit, tu serais grandement surpris de la rentabilité réelle de ton investissement. Par ailleurs, lorsque tu investis dans une maison, tu profites vraiment de ton investissement: tu apprécies la beauté et la chaleur de ta maison — ce qui n'est pas évident avec des titres ou des actions en Bourse. Et comme disait Cicéron il y a 2000 ans: «Qu'est-ce qui est plus agréable que sa propre maison?»

Je sais que, actuellement, tu n'es pas tellement intéressé à penser qu'un jour tu auras 65 ans, pourtant, j'aimerais te faire remarquer que bien des jeunes couples de ton âge y ont pensé lorsqu'ils ont décidé d'investir dans une maison. À l'âge de la retraite, lorsque leurs enfants ne vivront plus avec eux et qu'ils auront besoin de moins d'espace, ils vendront leur maison et déménageront dans un logement qui leur reviendra moins cher et qui sera plus facile d'entretien — tous leurs frais de subsistance seront défrayés par les intérêts que leur procurera la vente de leur maison. Plus besoin de pelleter la neige ou de s'inquiéter de laisser la maison sans surveillance pendant les congés d'hiver ou d'été. Ce sont là quelques-uns des avantages d'une planification financière prévoyante et «confortable».

Il va sans dire qu'il existe bien d'autres formes d'investissements, mais si tu en viens à envisager des titres ou des actions en Bourse, une planification soignée, au préalable, est à l'ordre du jour. Cela peut te sembler trop conservateur, mais méfie-toi d'acheter des actions en marge car tu ne devrais investir que les sommes d'argent que tu as les moyens de *perdre*. Évite le risque de tout investissement en partie payé qui tourne mal, et qui te forcera au bout du compte à te priver ou même à te faire faire des dettes pour en régler le solde, afin d'éviter une faillite personnelle. J'ai toujours trouvé ironique que plusieurs de ces personnes qui gagnent leur vie quotidiennement à transiger des actions et des titres — qui donnent des conseils aux amateurs que nous sommes à savoir quoi acheter — sont loin d'être eux-mêmes millionnaires. S'ils ne réussissent pas à y parvenir en y travaillant à plein temps, je me demande quelles sont nos chances à nous lorsque nous entrons dans cette arène en amateur et à mi-temps.

Il est très courant de nos jours, surtout avant la naissance d'enfants, que le mari et la femme travaillent. Ensemble, ils totalisent un revenu net fort intéressant. Un couple avisé et bien discipliné mettra souvent de côté le revenu d'un des conjoints pour le premier versement sur une maison, l'hypothèque étant remboursée plus tard, aussi vite que possible. Cela nécessite beaucoup de volonté. Tu as probablement remarqué qu'un grand nombre de jeunes personnes ne veulent rien entendre de cette sécurité que procure de l'argent en banque ou l'investissement dans l'achat d'une maison. Ils ne sont heureux que lorsqu'ils dépensent leur argent pour des vacances d'hiver au soleil, pour deux automobiles neuves ou presque «à la mode», et pour des visites hebdomadaires dans un restaurant chic. Avec une planification adéquate, l'un de ces plaisirs pourrait être inclus dans le budget d'un couple — et devrait l'être, car nous avons tous besoin de certaines compensations dans la vie. Je crains pour l'avenir d'un couple lorsque le revenu net des deux conjoints est dépensé jusqu'au dernier sou chaque année, car quand ils ont des enfants et qu'ils ne disposent alors, très souvent, que d'un seul revenu, cela est habituellement pour eux un rude choc très affligeant. Restreindre ses dépenses et réduire son niveau de vie n'ont jamais été des ajustemens faciles ou agréables à faire. Les plaisirs jouent un rôle nécessaire dans nos vies, mais comme le disait Henry David Thoreau: «L'homme le plus riche est celui dont les plaisirs sont les moins chers».

Pour conclure, assure-toi, s'il te plaît, d'avoir acheté suffisamment d'assurance-vie pour que ton épouse et tes enfants ne se retrouvent sur l'aide sociale, s'il arrivait que tu te fasses heurter par un camion. Arrête-toi à penser à tous les coûts qu'entraîne le fait d'élever une famille de nos jours. N'est-ce pas très dispendieux? Il en serait également de même si tu n'étais plus là.

Avec la compétence dont tu fais preuve dans l'administration des affaires financières de nos compagnies, tu devrais sûrement être capable d'évaluer le montant d'assurance-vie qui répond à tes besoins. Et pour l'amour du ciel, contracte une assurance à terme, pour laquelle tu obtiens la meilleure couverture pour ton argent, et ignore le million d'autres contrats que ton agent t'offrira au niveau de la sécurité financière, par l'entremise de sa firme d'assurances. Selon mon opinion, la plupart de ces assureurs n'ont pas tenu suffisamment compte du facteur de l'inflation dans leur police d'assurances.

Étant ton père, je n'ai pas le droit ni le moindre désir de savoir ce que tu fais avec ton argent, mais en tant que *prêteur*, ce que tu m'as demandé d'être maintenant, je pense qu'une certaine mesure de sécurité est requise. Voudrais-tu, s'il te plaît, signer le billet personnel ci-annexé pour un montant de 500 $ à 20 % d'intérêt par année et demande au comptable de déduire 10 $ par semaine de ton chèque de paye. Tu te dis que je suis un vieux dur? Attends de voir les conditions de ta *prochaine* demande de prêt pour couvrir certaines «factures» inattendues.

Affectueusement,

Ton banquier

P.S.:   Je ne suis pas aussi fâché que j'en ai l'air; il suffit que je me rappelle Thomas a Kempis (1380-1471) qui disait:

«Ne soyez pas fâché de ne pas pouvoir rendre les autres tels que vous voudriez qu'ils soient, étant donné que vous ne pouvez pas vous faire vous-même tel que vous souhaiteriez être.»

Se tenir prêt

Une récente baisse dans les affaires crée chez le fils du souci et de l'inquiétude concernant le manque de préparation de la compagnie à pouvoir éviter non seulement le sérieux contretemps actuel mais aussi tous ceux qui pourraient survenir à l'avenir.

Cher fils,

J'ai remarqué ton inquiétude à propos des problèmes résultant du fait que plusieurs de nos principaux produits se font damer le pion sur le marché par la concurrence. Je me suis fait également beaucoup de soucis. Toutefois, la première chose à faire est de ne pas paniquer, et comme on dit dans l'armée, il s'agit plutôt d'exécuter un repli soigneusement planifié.

L'objectif principal de notre repli est de définir exactement et d'évaluer les pertes que notre entreprise va vraisemblablement subir par suite de cette situation. Commençons par le bilan des profits et pertes; si nous soustrayons le prix de vente des produits touchés de nos ventes totales, nous aurons rapidement une bonne idée des dommages. Dans le cas présent, il semble que nous perdons 20 % de notre marge bénéficiaire brute. Ce n'est pas très bon, mais ce n'est pas désastreux non plus.

Dans un moment comme celui-ci, l'une des plus importantes questions qu'il faut nous poser est la suivante: «Sommes-nous bien préparés à affronter ce que nous réserve l'avenir?» Eh bien, j'ai expérimenté quelques fois des pertes — mais grâce au ciel, j'ai été bien plus souvent gagnant — et je crois que nous pouvons surmonter cette mauvaise passe. Vois-tu, le fait de tenir le coup face aux difficultés de la vie procure certains avantages. Cela t'aguerrit et te prépare à te mesurer aux différents problèmes qui pourraient survenir plus tard. Il m'arrive souvent de penser que l'étoffe dont une personne est faite se voit à sa façon de traiter des problèmes ou de gérer des périodes de stress.

La prochaine dispositon à l'ordre du jour est d'analyser et d'effectuer les changements que nécessitera la réduction de nos ventes dans notre division du marketing. Une diminution de 20 % du volume de nos ventes signifie que nous ne pourrons pas maintenir le taux actuel des coûts de notre service des ventes. Cela s'impose donc de réduire le nombre de nos représentants et de regrouper le territoire de chaque vendeur qui restera. Nous devrons adopter la même approche en ce qui concerne l'usine. Combien de gens allons-nous être obligés d'y licencier, compte tenu de la baisse de la production?

Si on emprunte à nouveau le jargon de l'armée, le *repli* est un outil aussi stratégiquement important à inclure dans un arsenal d'affaires que peut l'être la croissance. En fait, des deux, le repli selon moi requiert plus de ressources, car la croissance est habituellement une progression naturelle ou un élément de changement — ce qui est bien loin d'être aussi perturbant, exigeant ou provocateur que d'avoir à se ressaisir et récupérer ses pertes avec succès.

Le degré de préparation d'une compagnie à faire face à des problèmes comme ceux auxquels nous sommes confrontés, dépend en partie de la structuration du plan de croissance de la compagnie. Tu te souviendras de nombreuses discussions à propos des coûts fixes et variables lors de la planification de notre croissance. Les coûts fixes sont des coûts qu'il te faut inclure quel que soit ton volume des ventes; le loyer doit être payé, l'équipement perd de la valeur, il te faut continuer de payer des intérêts à la banque, et ainsi de suite. Les coûts variables subissent des hauts et des bas, compte tenu des ventes. Par conséquent, notre tâche est de réévaluer nos *coûts fixes*, les réduire partout où c'est possible. Allons-nous sous-louer quelques-uns de nos locaux en surplus? Allons-nous vendre une partie de notre équipement? Avons-nous besoin de tous les membres de notre direction? Et ainsi de suite. Qui plus est, la prochaine fois que tu auras des plans d'expansion sur ton bureau, demande-toi d'abord et avant tout, à quel point il te serait difficile de tirer ton investissement d'un mauvais pas s'il arrivait que tes plans échouent. C'est *cela* se préparer.

En vieillissant, je me rends compte de plus en plus souvent que peu importe le degré de préparation que chacun pense avoir par rapport à la plupart des problèmes de la vie, il y a toujours de nouvelles épreuves qui nous attendent à un tournant du chemin. La vie est ainsi faite. Et ce n'est que lorsque tu seras prêt mentalement à remplir ces tâches que la plupart d'entre nous affrontent toute leur vie que tu auras un grand pas d'avance sur ton concurrent.

À mes premières armes dans les affaires, j'avais l'habitude de m'étonner de la fragilité du domaine des affaires, du nombre de faillites hebdomadaires et j'ai entrepris de diversifier nos intérêts avec soin. Plus j'ai acquis de l'expérience dans les affaires et plus j'ai été en mesure de les diversifier. Personne plus que moi n'a cru en ce principe. C'est pourquoi nous possédons maintenant sept entreprises différentes et non pas une seule. Si je m'en étais tenu à la première entreprise et n'avais travaillé qu'à sa seule expansion, qui peut dire si nous disposerions d'une opération globalement plus grande que celle que nous possédons en ce moment? Mais personnellement, je n'y ai jamais beaucoup pensé, ayant toujours été trop occupé à profiter de la sécurité relative de notre nombre d'entreprises. Si l'une d'entre elles n'avait pas fonctionné, je savais qu'il en restait d'autres pour nourrir notre famille.

Se tenir fin prêt en affaires signifie aussi posséder des ressources financières utilisables au besoin pour te permettre de tenir lors de n'importe quelle mauvaise passe. Tu te rappelleras combien j'ai insisté sur le fait que nos dettes ne doivent jamais s'accumuler au point où elles pourraient nous occasionner un problème monumental advenant que nous éprouvions ne serait-ce qu'un léger revers financier. Vérifie toujours tes possibilités et tes moyens personnels de te procurer des fonds dans l'éventualité où ceux-ci seraient nécessaires lors de périodes difficiles. Au fil des années, j'ai emprunté et remboursé, emprunté, puis remboursé, encore et encore. Et chaque fois, je me suis dit à moi-même: «Comment vais-je survivre si le jour après avoir emprunté et peut-être avoir entièrement dépensé cet argent, j'ai à faire face à des problèmes qui peuvent affecter sérieusement ma capacité de rembourser?» Dans la plupart des cas, je n'avais pas emprunté le maximum de ce que je pouvais emprunter, je m'étais donc laissé une marge de manœuvre, mais les quelques fois où j'ai eu à emprunter de très forts montants pour une expansion majeure, je peux te dire que j'ai croisé les doigts jusqu'à ce que cet emprunt important se ramène à un niveau acceptable. Cependant, d'une façon réaliste, tu te *dois* de *sortir* un billet pour en *faire* un autre.

Dans une entreprise comme la nôtre présentant plusieurs aspects, tu disposes généralement d'une compagnie ou l'autre, ou de d'autres actifs que tu pourrais vendre, si tu avais à te sortir d'une impasse. C'est une pilule amère à avaler lorsque ton but est de bâtir, non pas de dissoudre, mais quelques fois, cela s'avère inévitable.

Se tenir prêt, c'est quelque chose à quoi les gens ont déjà pensé. La devise des scouts du monde entier est simplement: «Toujours prêt». Et, bien avant cela, un gentilhomme du nom de Christian Bovee écrivit:

> «La méthode de celui qui fait preuve d'initiative est de planifier avec audace et d'exécuter avec vigueur; de dessiner une carte des possibilités, puis, de les considérer comme des probabilités.»

Fort de cette pensée, tu seras préparé plus que jamais à composer avec la fragilité du monde des affaires — pourvu que tu te serves de ton *bon sens* et que tu en *apprennes* chaque jour davantage sur cette terre.

Sincèrement,

*Ton protecteur en chef
des tribunaux de faillite*

Le stress et la santé

Le père a fait parvenir au fils un prospectus exposant les grandes lignes d'un séminaire sur le stress et la santé, lui suggérant d'y assister. Le fils est sceptique et hésite à se rendre à ce séminaire.

Cher fils,

Jusqu'à quel point un homme prend soin de sa santé dans son jeune âge (et certains, lorsqu'ils sont plus vieux) a été probablement décrit avec le plus de justesse par Voltaire lorsqu'il écrivit au XVIIIᵉ siècle: «Le sens commun n'est pas si commun». Il n'y a rien que les gens prennent autant pour acquis que leur propre corps. Ils vont en abuser, le traquer, le malmener, et généralement, le traiter sans aucun ménagement. Cela découle probablement d'un manque de compréhension et d'appréciation de la complexité et la fragilité avec lesquelles le Seigneur a assemblé chacune des parties de notre corps à l'origine.

Arrête-toi à penser à certaines des choses les plus courantes que nous faisons. Premièrement, nous nous assurons de remplir nos poumons et notre système sanguin de goudron et de nicotine de façon régulière, à raison de deux ou trois fois par heure. De plus, nous nous attendons à ce que nos poumons tiennent tête à la pollution industrielle, aux émanations des automobiles et à d'autres vapeurs néfastes que l'homme produit. Nous nous gavons ensuite d'une quantité incroyable d'aliments lourds qui occasionnent des problèmes à notre système digestif: une grosse portion de frites, des hamburgers graisseux, et pour couronner le tout, des tonnes de sucre pour dessert. C'est certainement très bon au goût, mais malheureusement, il arrive trop fréquemment que nos corps soient surchargés et pleins à l'excès de cette mauvaise sorte de carburant.

Une fois que nous avons ajouté 10 kilos d'embonpoint à notre corps, nous supposons que notre cœur et le reste de notre système cardio-vasculaire se les «tapera» toute la journée, gratuitement, bien sûr. Puis, après une *dure journée* de cigarettes, de frites, de desserts, nous sentons que nous méritons une *prime* pour tous les sacrifices que nous avons faits pendant la journée; c'est le temps pour six bières ou douze, ou une demi-bouteille de scotch pour créer l'atmosphère d'une soirée de détente. Et juste avant que la journée se termine — et parce que nous l'avons encore bien *mérité* — nous allumons un joint ou nous faisons une ligne ou deux de cocaïne.

Tu dis que cela est exagéré? Tu penses qu'il n'en va pas ainsi pour un individu moyen dans une journée bien ordinaire? Tu as peut-être raison, mais n'importe laquelle des habitudes de vie ci-haut mentionnées poussées à l'excès — le fait de fumer, les aliments sans valeur nutritive, l'embonpoint, l'alcool, les drogues — est suffisante en soi pour qu'un corps se demande si son propriétaire a des dispositions pour le suicide. Selon mon observation, une moyenne de trois ou quatre de ces cinq «petits plaisirs» sont utilisés quotidiennement par plusieurs — sinon par la plupart d'entre nous.

Je sais que tu es plutôt sceptique concernant le stress, mais je te demande encore un peu de patience car j'y arrive. Le «stress» est un mot du XXe siècle servant à décrire un élément de la vie qui existe depuis la création de l'homme. Les gens ont tendance à croire que le stress est quelque chose de nouveau. Ne me dis pas que l'homme des cavernes n'a pas expérimenté le stress lorsqu'il essayait de tuer de grosses bêtes, de près, avec un gourdin, ou que de mourir de faim — comme cela est arrivé à des millions de personnes au cours des siècles — n'était pas accompagné de stress! Cependant, ce n'est qu'au XXe siècle que des scientifiques ont découvert et étudié le stress en tant que symptôme d'une maladie. Un Canadien, le docteur Hans Selye, lequel a inventé le mot stress, fut un meneur dans le domaine. Même si on peut diagnostiquer que la maladie d'une personne a été causée par le stress, le docteur Selye fit remarquer qu'une certaine de forme de stress — un *bon* stress — est essentiel pour que le corps et l'esprit fonctionnent normalement, mais, et c'est un grand «mais», trop de stress *dommageable* peut vraiment avoir des effets préjudiciables à la santé de quelqu'un.

N'importe quel individu cherchant ce don le plus estimable qui soit — une bonne santé — n'a pas la tâche facile, car la cigarette, les aliments sans valeur nutritive, l'alcool et les drogues sont tellement répandus et acceptés autour de nous. Il faut beaucoup de volonté pour maintenir ou revenir à une saine façon de vivre, surtout si plusieurs de ces mauvaises habitudes se sont déjà incrustées en nous. Si seulement les gens pouvaient apprendre à un très jeune âge l'histoire suivante. Une compagnie d'assurances, voulant absolument déterminer les facteurs principaux contribuant à la longévité de personnes de 100 ans et plus (avec l'intention d'ajuster leurs primes d'assurance-vie), fit une étude à partir d'un tel groupe de gens. La compagnie voulait savoir comment ces gens avaient pu atteindre un âge aussi vénérable. Les résultats? Rien de très surprenant. La compagnie en conclut à un seul principe fondamental: *la modération en tout*; dans le travail, dans les loisirs, dans le boire et le manger. À l'évidence, c'était des gens qui ne croyaient pas à tout ce qui est excessif.

Tu te dis que tout ce prêchi-prêcha est bien beau, mais qu'en est-il pour cette personne déjà *adonnée* à une vie de stress? Il existe certaines recommandations dans de tels cas. Ton *cerveau* peut t'en fournir la plus grande partie — cela peut sembler bien simple, mais on ne l'enseigne pas encore comme on le devrait dans les écoles ou dans les universités.

Les psychologues dont la spécialité est le stress peuvent ouvrir plusieurs portes d'assistance pour les gens qui essaient d'y faire face. Les règles de base sont faciles à comprendre et à mettre en application, pourvu que la personne soit consentante à consacrer quelques minutes par jour à en pratiquer les principes essentiels.

Notre cerveau est un organe de notre corps énormément sous-utilisé. Contrairement aux abus auxquels sont sujets notre foie, notre cœur, nos poumons et notre bouche, notre cerveau est rarement appelé à exploiter, ne serait-ce qu'une bonne part de ses capacités, sauf en de très rares occasions. En mettant à contribution les cellules du cerveau, nous pouvons libérer une puissante force d'assistance — non seulement en ce qui concerne nos efforts au jour le jour, mais une force considérable en vue d'atteindre un état de relaxation qui allègera notre stress et notre tension.

Le but premier est de développer une méthode par laquelle quelqu'un pourra, à volonté, faire appel aux réserves de son cerveau pour l'aider à affronter des problèmes. Dans ce but, cette personne doit, dans une première étape, acquérir certaines formes de *relaxation*. Un état *neutre* et détendu permet au cerveau d'éliminer, premièrement le charabia de la multitude de problèmes avec lesquels il a dû se débattre au cours des nombreuses dernières années ou journées. Deuxièmement, une fois que le cerveau «s'est détendu» suffisamment, la relaxation lui permet alors d'affronter un seul problème à la fois — je dis bien un seul. En d'autres mots, il est nécessaire d'amener un certain degré d'*organisation* dans l'état d'esprit de quelqu'un pour atteindre cette sérénité grâce à laquelle les problèmes peuvent être le mieux traités et résolus.

La relaxation (que l'on réfère parfois à ce degré de contentement qui provoque des réactions «chimiques» intérieures positives dans notre être) peut être atteinte par de nombreuses méthodes qui se sont avérées efficaces: la méditation transcendantale, le biofeedback, la relaxation musculaire, l'autohypnose, pour n'en mentionner que quelques-unes. Il est essentiel que tu te renseignes sur ces méthodes pour déterminer laquelle te convient le mieux. Une fois que tu auras découvert cette meilleure méthode de te placer dans une disposition de réflexion et de calme, avec ton cerveau sur le qui-vive et prêt à t'aider, tu seras alors capable d'évaluer et de résoudre presque n'importe quel problème urgent.

Pour en arriver à découvrir ta meilleure méthode de relaxation, il se peut que tu aies besoin, au début, d'une quelconque aide professionnelle, mais elle sera minime. Cela devient rapidement une technique très simple — c'est une formule si simple de réussite contre le stress que cela me déconcerte que les éducateurs n'en fassent pas un cours obligatoire au même titre que la lecture ou l'écriture. La vente des boissons alcoolisées, des valiums, de la cocaïne et des autres drogues commencerait rapidement à diminuer s'il en était ainsi, et nous aurions une population beaucoup plus en santé.

Chacun de nous est né avec un esprit et un droit bien à lui de faire des choix. Il n'en tient qu'à toi de décider de ta façon de vivre. Dans les circonstances, tu disposes de trois choix: tu peux *ignorer* tes problèmes de stress, tu peux t'en *affliger*, ou tu peux *faire* quelque chose pour y remédier. Tu as la liberté de choisir.

Tu es également libre de décider de la question de la *responsabilité*: un autre élément intrinsèque de la vie. Tu peux choisir d'assumer la responsabilité ou de t'en détourner. À nouveau, il n'en tient qu'à toi, c'est ton privilège exclusif de décider. D'après mon expérience, je peux te dire que ceux qui assument leurs responsabilités dans la vie ont beaucoup plus de chances de connaître beaucoup plus d'années heureuses sur cette terre que ceux qui ne les assument pas. Ces derniers ont tendance à se traîner dans la vie plutôt que de vivre vraiment leurs vies.

Tout cela doit te sembler bien compliqué — et je suis persuadé qu'il en aurait été de même pour moi il y a 30 ans. Mais toi aussi, mon fils, tu vieilliras en apprenant toujours davantage de choses. Benjamin Disræli, l'illustre premier ministre britannique, dit un jour: «La santé des gens est vraiment le fondement duquel dépend, en tant qu'État, leurs bonheurs et tous leurs pouvoirs». Une autre façon de le dire (la mienne) est la suivante: «La santé d'une personne est le réel fondement du bonheur, et l'exercice de ses talents dans *notre entreprise* dépend des *deux*».

Pour toutes les raisons qui précèdent, je pense qu'il serait recommandé que tu assistes au séminaire sur le stress. Si tu écoutes attentivement et si tu agis en conséquence, cela épargnera probablement 20 ans d'usure normale à ton corps — ce qui est à peu près le nombre d'années que j'ai moi-même *perdues* à vivre dans la noirceur dans ce domaine. Ménandre disait, 300 ans avant Jésus-Christ: «La santé et l'intelligence sont les deux plus grands bienfaits de la vie». Il me reste à voir si tu possèdes assez d'intelligence pour prendre bien soin de ta santé.

J'ai inventé une marotte que je trouve efficace et dont j'aimerais te parler: Il s'agit que tu détermines les traits de caractère que tu admires le plus chez les autres (au moins quatre de ces traits et pas plus que huit); fais-en une liste et regarde-la chaque jour; à partir de cette liste, décide du genre de personne que tu désires le plus être. Si certaines qualités telles que l'humour, la patience, le goût du défi, la confiance en soi, l'intégrité, le don d'amitié, le sens des responsabilités et la relaxation se trouvent sur ta liste, je serai le premier à m'en réjouir, car ce sont ces mêmes qualités que j'admire le plus chez les gens.

Pour résumer, mes recommandations face au stress sont les suivantes: Place ton cerveau au neutre par le moyen de la relaxation; permets-lui de négocier sereinement avec un seul problème à la fois; mets cela en pratique régulièrement. À mon avis, le bonheur est d'accomplir. Si tu penses comme moi, essaie de suivre les recommandations qui précèdent pour atteindre le bonheur avec le plus bas niveau possible de stress dommageable.

Il existe une autre excellente recommandation — ma préférée, mais à cause des circonstances et du manque de temps, on ne peut malheureusement l'utiliser d'habitude qu'à petites doses: la pêche et les grands espaces. Cela aussi fait des *merveilles* pour le corps et l'âme. (J'ai réservé une période de temps pour nous deux lorsque tu auras terminé le séminaire. Entre-temps, je vais aller à ma séance d'entraînement au gymnase afin de m'assurer de pouvoir porter le moteur. S'il te plaît, fais comme moi pour que tu puisses porter l'embarcation).

«Donne-moi la santé chaque jour et je ferai en sorte que la pompe des empereurs ait l'air ridicule.»

Je souhaiterais avoir dit cela, mais Ralph Waldo Emerson l'a malheureusement dit avant moi.

À ta bonne santé,

Ton partenaire de pêche

Être un meneur

On a offert au fils la présidence de l'association commerciale de son type d'industrie. À 35 ans, il sent qu'il est trop jeune pour occuper un tel poste. Le père livre de son plein gré quelques-unes de ses pensées concernant les qualités de chef.

Cher fils,

J'ai appris récemment que tu avais été invité à devenir le président de notre association commerciale. Félicitations! Cela est un très grand honneur que veulent te conférer, à ton âge, de tels illustres pairs. Je me serais attendu à ce que tu en fasses tout un plat, mais il semble en être autrement.

Ta préoccupation selon laquelle tu es trop jeune pour présider un tel groupe requiert quelques réflexions. Ce n'est pas parce que le président précédent était beaucoup plus âgé que toi que cela signifie que tu ne serais pas un meneur excellent et efficace. Soit dit entre nous, certains des anciens présidents n'auraient pas pu conduire une vache à son pâturage. Ils n'ont été désignés à ce poste que grâce à leurs amis bien intentionnés de l'industrie, et plus souvent qu'autrement, notre industrie a perdu beaucoup de terrain lorsqu'ils occupaient cette fonction.

Si tu acceptes ce poste, cela signifie que tu devras ajouter un surcroît de travail à ta tâche déjà lourde, car tu ne pourras pas ralentir tes efforts au bureau. Mais cette considération-ci et celle à propos de ton âge n'a pas beaucoup d'intérêt pour moi; l'*expérience* que tu récolteras d'un tel exercice m'intéresse davantage. Et à vrai dire, plus tu es jeune et plus tu accompliras un meilleur travail — car la jeunesse est actuellement de ton côté, elle est un avantage pour toi. C'est *maintenant* le temps pour tout ce travail supplémentaire, alors que la santé, la résistance et la vigueur jouent en ta faveur.

Si tu choisis effectivement d'accepter la présidence, souviens-toi que, même si on dit que les meneurs naissent avec ce talent de meneur — et c'est assurément le cas de plusieurs — il y en a presque autant qui *apprennent* à devenir des leaders, de la même façon que d'autres apprennent à devenir un comptable, un médecin, un avocat, ou un chef indien.

Un bon leadership commence par une bonne communication avec les gens. Tu dois avoir ou développer un rapport avec les gens qui les amène à être emballés par tes propres efforts. Tu dois sélectionner des gens solides, innovateurs, qui peuvent te fournir des conseils pertinents, de bonnes idées et des méthodes pour leurs réalisations, à ajouter à tes propres idées. Voilà pour ta première composante.

Une fois que tu auras choisi une telle équipe, il deviendra alors crucial pour toi d'avoir une idée de tous les problèmes auxquels ton groupe aura à faire face. La seule façon d'accomplir cela est de dresser une liste complète des problèmes avec certaines données sur chacun, de rassembler tous les gens concernés pour une journée ou deux, puis, de débattre à fond de chacun des sujets individuellement. Tu sortiras d'une telle rencontre la tête un peu confuse, mais fourmillante d'idées et de stratégies; et laisse passer quelques jours avant de te mettre au travail, à partir de tes notes, pour établir une série de priorités. Voilà pour ta seconde composante.

N'aie pas peur d'oser lorsque tu fixeras tes priorités, car un meneur doit oser être en avance sur ses collègues. C'est ça être un meneur. Lorsque tu établiras tes plans d'avenir, tu devras choisir la personne de ton équipe la mieux qualifiée pour s'occuper de certains domaines spécifiques. Cela supposera probablement la création de comités — et le risque d'échouer misérablement si tu n'es pas prudent. Dans la création de n'importe quel comité, l'élément le plus important est, bien sûr, un président qui y *travaillera*. Il y en a plusieurs qui adoreraient porter le titre de président, mais qui seraient absolument incapables de faire avancer la cause. Évite-les comme la peste dans tes premières nominations, si tu peux. Si tu commets une erreur, (d'ailleurs, comme il arrive à tout bon meneur), débarrasse-toi diplomatiquement de ce type. S'il est trop occupé dans son travail pour servir efficacement dans son poste avec l'association, dis-le-lui. Tu lui feras une faveur, et cette excuse lui permettra de se retirer sans perdre la face.

L'expérience est une qualité en or à rechercher dans ton choix des gens du comité, et si tu es suffisamment chanceux de t'assurer le concours de quatre ou cinq personnes clés, des personnes dynamiques possédant de l'expérience, tu ne pourras pas échouer à ce poste; car si besoin est, ils t'aideront à traverser les *pires* tempêtes. Toutefois, en dépit du fait que je suis ton père, je crois que tu vas établir de nouvelles normes en tant qu'excellent meneur, dispensant de sages paroles, (pas trop de mots, s'il te plaît), et comme un incomparable auteur d'actions requises et nécessaires.

Tu devras affronter certains sujets très difficiles — et ne te mets pas dans l'idée que tu pourras refiler à Charlie tel sujet difficile, à Fred tel autre, et laisser Georges s'occuper d'un autre. Il *te* faut travailler avec ces gens pour soutenir leur intérêt. Avant de déléguer des responsabilités, il n'est que juste d'en établir premièrement les limites. Et tu ne devrais pas te défiler devant certaines décisions difficiles que *tu* devrais prendre en t'en déchargeant sur tes présidents de comités. Une fois que tu auras connaissance de tous les problèmes et une compréhension approfondie de chaque secteur difficile, tu dois donner ton approbation chaque fois qu'une décision est prise. Cela peut signifier que tu auras parfois à tourner le dos aux opinions de d'autres — mais aucun meneur qui en vaut la peine n'a pu éviter de telles situations inconfortables.

Tu expérimenteras des échecs dont il sera difficile de te relever, mais c'est ainsi que tu prendras plus rapidement de l'expérience. Il t'arrivera parfois de souhaiter à nouveau être un commis de bureau: ce sera le cas lorsque tu subiras certains échecs au vu et au su de toute l'industrie. Une situation embarrassante! C'est en plein le genre d'incidents qui peuvent confirmer ou briser bien des meneurs, tout dépend de la façon de composer avec de tels échecs. Premièrement, tu dois admettre ton erreur. Deuxièmement, tu dois analyser les raisons de cette erreur. Troisièmement, tu dois expliquer les faits aux membres. Quatrièmement, tu dois accepter le blâme. Ne te cache pas dans ton coin, ne sois pas désappointé outre mesure; (rechercher la sympathie n'est pas un des traits de caractère d'un solide meneur) et pour l'amour du ciel, que cela ne t'empêche pas de te remettre à l'ouvrage!

Lorsque tu auras mis en marche ton équipe, on te considérera comme *le* meneur, et les meilleurs meneurs *conduisent* en montrant comment il faut faire. Si tu te reposes sur tes lauriers, ne serait-ce que pendant cinq minutes, les autres feront de même et, avant que tu ne t'en rendes compte, la structure entière s'écroulera autour de toi dans une mer d'indifférence. Exige donc un haut degré d'excellence, des plans sérieux et mûrement réfléchis, et un *maximum* d'efforts de ta part et de tous ceux qui sont concernés.

Il y a toujours au moins deux points de vue à chaque sujet, assure-toi donc de garder les oreilles ouvertes et de bien écouter; personne parmi nous n'est capable de maîtriser chaque détail de chaque sujet, et beaucoup de bonnes idées ne voient pas le jour à cause de la surdité totale d'un président qui n'entend pas plus avec son esprit qu'avec ses oreilles. L'un des pires traits qu'un meneur pourrait avoir serait de préjuger des résultats. Sois ferme, mais sois très juste en ce qui concerne toutes les suggestions que l'on te fera. Lorsque tu sentiras que tu seras en possession de tous les faits et de leurs implications, c'est alors qu'il te faudra prendre ta décision. Ne fais pas traîner les choses. En t'assoyant patiemment et en écoutant avec soin, la plupart de tes décisions feront d'elles-mêmes leur chemin dans ta tête lors de tes différentes rencontres de comités, et tout en ne requérant pas de grandes prouesses mentales de ta part, elles se révéleront automatiquement à toi.

Lors de problèmes épineux, il n'existe pas de sensation plus satisfaisante que de plonger en plein cœur de la mêlée en ruant dans les brancards jusqu'à ce que ta décision t'apparaisse clairement. Posséder de grandes convictions tout en restant suffisamment flexible pour changer ta décision si de nouvelles circonstances le justifient, voilà la marque d'un bon meneur.

Tu auras à accorder beaucoup de temps libre à cette cause, et étant donné que cela aura des conséquences considérables sur ta vie de famille, je te suggérerais d'amener ta femme au restaurant pour tout lui expliquer. Profite de cette occasion pour lui faire comprendre tout l'honneur que tes amis te font, l'expérience que tu acquerras, et surtout, la satisfaction personnelle que tu retireras à t'attaquer à un défi difficile et à l'emporter. Sur cette terre, la vie ne distribue pas volontiers beaucoup de ces choses qui en valent la peine, sans auparavant exiger un dur labeur.

Lorsque tu ne seras plus en fonction, ta réussite comme président de l'association commerciale de notre industrie se mesurera pour une bonne part par la continuation ou non de ces choses que tu auras mises en marche. S'il t'arrivait de recevoir des éloges de tes collègues pour tes efforts, sache les accepter, car le vrai caractère d'une personne se révèle souvent par sa manière de recevoir des louanges.

Lorsque tu reviendras à plein temps au service de notre entreprise, tu auras passé de nombreuses heures à travailler pour tous et chacun de l'industrie — incluant moi-même — sans être rémunéré. Quand tu auras complété ton terme comme président de l'association, rappelle-moi de t'accorder une augmentation de salaire de 20 pour cent pour compenser le fait que tu devras reprendre ton humble poste de vice-président chez nous. Crois-moi, l'expérience que tu acquerras, tes talents en communication, les contacts que tu te feras, et cette nouvelle connaissance d'ensemble que tu iras chercher à propos de notre industrie vaudront vraiment cette hausse salariale.

Sincèrement,

Un membre reconnaissant de ton association commerciale

Un équilibre de vie

Le fils a été nommé président de toute l'entreprise familiale, un poste qu'il convoite depuis longtemps. Le numéro un. Depuis sa nomination, il a passé beaucoup plus d'heures que d'habitude à s'occuper des affaires. Le père s'en est rendu compte et a quelques commentaires à faire à propos des efforts de son nouveau président.

Cher fils,

J'ai remarqué que tu as passé considérablement plus de temps dans ton bureau et dans ceux de nos clients récemment. C'est beau de voir cela, car il fut un temps où je me suis demandé si tu étais vraiment intéressé à te rendre au bureau chaque jour.

Il ne fait aucun doute que nos nombreuses compagnies requièrent un énorme travail quotidien de la part du numéro un. Cependant, il est important de te rappeler que tu ne peux pas tout faire par toi-même, en partie parce que tu ne disposes pas d'assez de temps, mais surtout parce que tu dois mettre à contribution les nombreux talents de nos divers employés.

Pour disposer d'une bonne organisation, un président doit, avant tout, avoir les *bonnes personnes* en charge de chaque division à l'intérieur de sa compagnie. Je crois que nous avons atteint cet objectif. La seconde fonction la plus importante du travail de n'importe quel président — ce qui est maintenant *ton* travail — a trait aux communications grâce auxquelles tu peux transmettre tes informations à ton équipe de direction, tes clients et tes employés. Si ton horaire est bien organisé, tu devrais être capable de voir à tout cela à raison de 20 heures par semaine, cela te laissera 20 heures libres pour assister à des séminaires de gestion d'entreprise, à des démonstrations d'équipements spéciaux ou nouveaux pour l'usine, à formuler de nouvelles idées de produits ou à planifier notre prochaine stratégie de croissance.

Trop de gens sont d'excellents «numéro deux» dans le leadership d'une compagnie et ils devraient le *demeurer* dans bien des cas pour une raison très simple: ils n'ont pas les qualités requises pour le travail d'un «numéro un». Le fait de devenir président en a brisé plus d'un qui, permettant que leur ego domine leur cerveau, ont accepté un poste qui ne leur convenait pas et pour lequel ils n'auraient jamais dû être promus.

Être un «numéro un» efficace exige une vision globale de notre monde que peu de gens ont l'occasion de développer. Tu as peut-être remarqué que lors de notre cheminement ensemble, je t'ai poussé à faire certaines choses, bien souvent à ton grand déplaisir. Je le faisais de propos délibéré: pour élargir tes horizons et encourager chez toi des idées plus larges qui, un jour, feraient de toi un président de par ton mérite. Ce jour est arrivé et tu occupes tes nouvelles fonctions, mais je t'implore — étant donné que je ne peux plus te donner des ordres — *continue ce que nous avons commencé*; continue de te donner toutes les occasions de demeurer à la hauteur du reste du monde. Si tu n'agis pas ainsi, ne t'attends pas à ce que nos compagnies prospèrent et restent compétitives à la longue.

J'aimerais te rappeler certains des sujets que nous avons discutés et approfondis ensemble au fil des années dans ton ascension de l'échelle de la compagnie.

Lorsque tu es entré à l'université, tu étais déterminé à ne prendre que des cours dans le domaine des affaires (et bien sûr quelques bières par la même occasion). Est-ce que tu t'en souviens? Peu de temps après, tu as eu la sagesse d'élargir ton éducation et, de pair avec tes études financières, tu as étudié bientôt l'économie, les sciences politiques, les relations industrielles, l'anglais, l'histoire et l'astronomie. Lorsque tu as terminé ton cours universitaire, tes connaissances débordaient amplement le seul domaine financier.

Après la remise des diplômes, après toutes ces années d'examens qui te forçaient à lire des centaines de livres, tu n'aurais pas lu un autre livre pour tout l'or du monde. Cependant, étant donné que ton patron (moi) avait déposé un certain nombre de livres sur ton étagère en te suggérant de les lire, cet auxiliaire de la plus haute importance pour ton éducation refit surface. Henry David Thoreau posa la question: «Comment d'hommes ont commencé une ère nouvelle dans leur vie à partir de la lecture d'un livre?» Dans la plupart des cas, *tu* commences et termines de nouvelles périodes dans ta vie par la lecture d'un livre, car chacun te fournit des aperçus dans certains domaines de notre monde complexe que peu d'hommes se donnent la peine de découvrir. Par exemple, te souviens-tu de l'enthousiasme que tu as ressenti lorsque tu as appris en quoi consistait l'entrepreneurship dans le livre que Claude Hopkins a écrit aux alentours de 1924: *Ma vie dans la publicité*?

Puis, nous avons voyagé. C'était plaisant d'être témoin de ton excitation, d'entendre tes commentaires et de répondre à tes questions à propos des us et coutumes de ces terres étrangères que nous commençâmes à visiter lorsque tu avais environ 12 ans. Il était d'autant plus agréable quelque 20 ans plus tard d'observer ton intérêt, ta façon de scruter et d'analyser les façons de faire des dirigeants d'affaires de l'étranger. Tu étais toujours prêt à apprendre quelque chose de nouveau, une quelconque nouvelle méthode pour améliorer notre efficacité. Dans quelques pays, d'autres faisaient mieux que nous dans certains secteurs de l'industrie, et ton seul intérêt était alors de savoir pourquoi il en était ainsi et comment *nous* pourrions également faire de même.

Les voyages, comme c'est toujours le cas, ont élargi considérablement ta connaissance et ta compréhension des gens — le point capital des affaires — car où serions-nous sans nos clients et nos employés? Les voyages ont enrichi ta connaissance des affaires. À travers les contacts que nous nous sommes faits autour du monde pour notre compagnie d'importation de produits chimiques, tu as appris de quelle façon les affaires pouvaient s'étendre avec succès à des milliers de kilomètres de ta propre cour.

Quelques-unes de nos meilleures rencontres de direction se sont tenues dans un canoë. Ta compatibilité avec Mère Nature fut pour moi une prime inattendue que j'ai profondément pris plaisir à partager avec toi — car selon moi, rien ne vaut la paix des bois pour dénouer un esprit confus.

Au cours d'un de ces voyages, je me souviens de t'avoir fait part de ma théorie sur la résolution des problèmes: si tu ne réussis pas à prendre une décision et que cela te place dans un dilemme, soumets ce problème à ton esprit avec tous les faits qui s'y rattachent et laissent mijoter tout cela — laissant ainsi le temps à ta décision de se formuler et prendre tournure dans ton subconscient pendant que tu pratiques le canoë, la pêche ou la chasse. Je t'ai dit que c'était comme posséder un ordinateur privé en soi que tu peux programmer à volonté pour qu'il travaille pour toi pendant que tu t'occupes à autre chose. Cela a toujours fonctionné dans mon cas. Lorsqu'un voyage de pêche ou de chasse tire à sa fin, je possède déjà une solution ou une ligne d'action par rapport à mon problème. Il arrive souvent que ce soit une solution que je sente instinctivement — et rien n'aide plus à faire éclore ce genre de solution que le calme bureau de Mère Nature. Personnellement, je considère qu'elle est la meilleure conseillère en gestion d'entreprise au monde.

Je suis plus que ravi que, tout en te faisant des amis au cours des années, tu aies maintenu des rapports avec plusieurs de tes amis du secondaire et de l'université. Tu connais mes sentiments sur la valeur de l'amitié et sur l'importance de conserver des amis avec lesquels tu peux partager tes joies ou tes peines, échanger de l'aide, des conseils ou pour stimuler ton esprit.

Le plaisir évident que tu trouves auprès de ta famille est — et j'espère que ça le sera toujours — un merveilleux tableau pour les yeux. Tu as réparti ton temps entre le bureau et la famille de façon admirable et avec beaucoup de talents. Tellement d'hommes qui gravissent l'échelle de la réussite écrasent les doigts et les orteils de ceux qu'ils aiment le plus et qui *les* aiment le plus — les épouses et les enfants essayant de se maintenir au même niveau qu'eux. C'est l'une des tristes réalités de la vie que plusieurs pères passent trop de temps supplémentaire à leur travail et pas assez d'heures avec leurs enfants. Il n'est donc pas surprenant que plusieurs adolescents tombent dans le piège des drogues, de l'alcool, dans toutes sortes d'habitudes malsaines — et parfois à un âge incroyablement jeune. Est-il surprenant que tellement de jeunes laissent tomber l'école? Cela n'a rien de surprenant, s'ils sentent que personne ne s'en soucie guère d'une façon ou d'une autre. Je pense que plusieurs hommes couronnés de succès feraient bien des choses de façon différente s'ils pouvaient revenir en arrière et changer le fort tribut que leur famille a dû payer pour leur réussite.

Je pense vraiment que peu de choses sont plus importantes dans la vie que d'amener ses enfants à la pêche quand on a cette chance. Et il faut commencer quand ils sont très jeunes. Pas pour le poisson qu'on y prend, mais pour ce *temps* qu'on y passe ensemble — ce temps dont on a besoin pour créer des liens d'amitié entre nous et notre enfant. C'est souvent ce qui dissuade une jeune personne de faire dans la vie des choix affligeants ou malavisés. Il est très gênant de créer des soucis ou de décevoir le paternel qui a toujours été un bon ami pour toi.

Les jeunes ont besoin et sont avides de choses excitantes dans leurs vies. Je me suis assuré que tu puisses en avoir ta part: faire du canoë sur des rivières turbulentes et apprendre à piloter un avion lorsque tu avais 16 ans — même si nos aventures inquiétaient parfois follement ta pauvre mère.

Les passe-temps favoris sont aussi très valables car ils fournissent la diversion et le repos qu'un esprit occupé se doit d'avoir à intervalles réguliers pour fonctionner plus efficacement. Tu ne peux pas penser aux affaires 24 heures par jour pendant bien longtemps, sans être victime tôt ou tard d'une dépression. Pour maintenir un bon équilibre de vie, tu te dois d'inclure dans ta semaine de travail une période de temps allouée à un sport ou à un passe-temps (tes parties de squash sont excellentes pour détendre ton esprit et pour garder ton corps en bonne forme), et du temps pour jouir de ta famille. Un dirigeant possédant un tel équilibre est difficile à battre car un tel homme se présente à son travail avec une attitude rationnelle, saine et bien adaptée, et qui plus est, avec un esprit *désencombré* des problèmes de la vie.

Certaines personnes parvenues en haut de l'échelle disent qu'on s'y sent bien seul. Eh bien, cela dépend à quel point elles apprécient la camaraderie de leurs employés, leurs discussions avec des clients ou d'éventuels clients — et à savoir s'il leur reste des *amis* dans le sillage de leurs escalades jusqu'au sommet. Je ne comprends pas la mentalité de certains de ces *géants*; leur ego est gonflé et aveuglé par le pouvoir, ils se plaignent de leur solitude comme s'il fallait les admirer: ils se considèrent comme un *sacrifice* offert pour le bien-être de l'humanité et pour leurs familles. Grand bien leur fasse! Je ne suis nullement impressionné par de tels magnats des affaires et j'espère qu'il en est de même pour toi. Selon ma façon de penser, si tu me présentes un homme couronné de succès capable de converser intelligemment sur presque n'importe quel sujet, comptant de nombreux amis, sachant garder son esprit et son corps en bonne forme, et dont le credo est la *modération* dans tous les aspects contrôlables de la vie, je serai sans cesse impressionné par le séjour d'un *tel* homme au sommet.

Je pense qu'il est important que tu saches que ce n'est que récemment que tu es devenu un candidat potentiel à la présidence de nos compagnies. La grande majorité des entreprises familiales — et plusieurs entreprises non familiales — se font une habitude de favoriser en premier lieu les membres d'une même famille dans leur politique d'emploi. Dans plusieurs cas, des présidents dont le titre leur est conféré par affection ou par allégeance familiale rencontrent des difficultés majeures, avant même qu'ils n'aient complété la moitié de la période d'exercice de leurs fonctions. Dans le but de sauvegarder ta sécurité financière, j'avais depuis longtemps choisi une autre personne (j'ai fait de même dans mes directives annuelles à mon exécuteur testamentaire) pour diriger nos compagnies si je mourrais soudainement. Mais par ton dur labeur, l'utilisation efficace de tes talents et ton impressionnante acquisition de connaissances, tu as mérité de plein droit à la fois le poste et le titre.

Je dois ajouter que sur ma liste personnelle d'évaluation de tes traits de caractères, celui en tête de liste est décrit de la manière suivante par William Wordsworth:

«*Il semble être l'homme d'un passé qui réjouit le cœur et de lendemains confiants.*»

Lorsque tu retourneras chez toi ce soir, ton épouse devra vraisemblablement recoudre quelques boutons à ton gilet, car ce que je viens de te dire risque de te griser, de te monter à la tête. Aurais-tu l'obligeance d'amener également mon gilet pour en faire aussi recoudre les boutons?

Bien à toi,

L'ancien président

Tu mènes seul la barque

Le père a annoncé qu'il prenait sa retraite. Le fils a sincè-rement essayé de le convaincre de conserver un bureau et au moins un poste d'administrateur. Le père refuse poli-ment de le faire.

Cher fils,

C'était bien gentil de ta part de vouloir que je de-meure au sein des compagnies en tant qu'administrateur, tout en conservant un bureau et une participation symbo-lique dans les entreprises. Chacun a son ego; je ne fais certainement pas exception, et ça fait du bien de se sentir désiré. Cependant, même si cela pourrait être agréable dans un avenir immédiat, à mon avis, cela n'ajouterait rien à une planification que j'ai voulu judicieuse, sensée, et à *long terme*.

Les gens qui créent et dirigent avec succès des entre-prises familiales ont fait et font beaucoup de bonnes choses, autrement ils ne seraient pas parvenus où ils sont. Pour cette seule raison, cela me stupéfie de voir à quel point les compagnies de ces gens sont souvent mal admi-nistrées par eux-mêmes.

Ils commettent souvent quelques erreurs mala-droites; des erreurs qui condamnent fréquemment leurs entreprises à l'improductivité. Leur première erreur est d'être absolument convaincus qu'ils vivront toujours — ou pire, de penser qu'ils sont encore des administrateurs hautement efficaces, alors qu'ils s'en vont vacillant au bout de leur canne, sans trop savoir à quel jour de la semaine ils en sont rendus. C'est bien sûr ce même genre d'entêtement et de ténacité qui leur a permis de passer à travers les moments difficiles alors qu'ils bâtissaient leurs entreprises, à la différence que maintenant cela travaille *contre* eux, car ils entravent l'élément vital essentiel à la continuation de leurs compagnies. Je ne veux pas que cela soit gravé sur *ma* pierre tombale.

Dans d'autres cas, si le fondateur est suffisamment sensé pour envisager un successeur, il fait fréquemment la seconde erreur: il s'accroche à l'affaire et ne laisse pas le successeur réussir. Le «vieux» s'acharne à juger à propos de chaque décision que son successeur prend, et il arrive beaucoup trop souvent qu'il révoque quelques-unes des meilleures idées et brise les meilleurs efforts. Trop de chefs *gâtent* la sauce. Il n'existe pas deux personnes qui pensent de la même façon, et si elles rivalisent pour le titre de patron, cela se termine habituellement par un désastre.

Ceux parmi nous qui sont dans les affaires depuis longtemps ont vu plusieurs entreprises familiales éprouver bien des difficultés; certaines ont échoué complètement, d'autres ont été vendues après une seule génération d'existence. Il est arrivé beaucoup trop souvent que cela se produise car, bien qu'un successeur capable ait été désigné, on ne lui a jamais laissé la chance d'agir à *sa manière*. Selon moi, l'une des choses les plus tristes, c'est de voir toute l'œuvre d'un homme qui a passé sa vie à construire une unité économique viable, à même la jungle des affaires, simplement *disparaître* avec son fondateur. Notre pays *a besoin* de ces entreprises pour survivre dans le monde international des affaires, sinon nous appartiendrons presque totalement à des sociétés mères étrangères. Ce qui n'est pas entièrement mauvais, mais qui n'est sûrement pas très bon non plus. Nous avons *besoin* de faire passer la richesse accumulée par une première génération d'entreprises couronnées de succès aux générations qui suivent, car il est extrêmement difficile pour une seconde et une troisième génération de compagnies d'accumuler un capital suffisamment important pour maintenir cette croissance régulière requise pour devenir d'importantes entreprises nationales. Et ces importantes compagnies privées nationales sont *essentielles* à la structure économique autonome de notre pays.

On a fait de toi le successeur — il faut reconnaître qu'il y a eu un peu d'aide paternelle, mais c'est surtout attribuable à énormément de travail de ta part — et je ne voudrais pas contrecarrer ces efforts maintenant. C'est aujourd'hui le temps pour toi de récolter les fruits de ces années de dur labeur en devenant le «numéro un» de plein droit. J'ai essayé de mon mieux d'insuffler à ta nature une propension à l'indépendance et à l'autonomie. À mon avis, cela fait maintenant partie intégrante de ton caractère — mais cette indépendance d'esprit n'aurait aucune chance de se développer si je continuais à rester dans le décor pour tailler des crayons ou pour me plaindre du retard du facteur.

L'une de nos plus brillantes mesures fut de nous entourer des meilleurs cerveaux que nous pouvions rassembler au niveau des dispositions bancaires, financières ou légales; des gens que l'on rémunère pour nous conseiller au meilleur de leurs connaissances dans leurs domaines respectifs. Tu les verras t'offrir leur aide et prendre un intérêt *personnel* à ton bien-être; et cela, non pas pour protéger leur argent, mais parce qu'ils ne peuvent pas *s'empêcher* de s'intéresser personnellement à des compagnies en pleine expansion. Ces gens-là et nos nombreux administrateurs extérieurs, tous des gens d'affaires extrêmement actifs dans ce monde en perpétuel changement, seront tes protecteurs, tes anges gardiens, des pères substituts, si tel est ton désir. Leurs nombreux talents et leur inestimable expérience te guideront dans les moments difficiles. Il n'en tient qu'à toi d'utiliser au maximum cette aide inappréciable. Si tu ne le fais pas, je n'ai pas besoin d'une boule de cristal pour t'avertir que tes intérêts financiers seront compromis à un moment ou l'autre en cours de route, et *beaucoup* plus qu'il n'aurait été nécessaire.

Ma raison principale de te laisser maintenant seul responsable est vraiment très simple. Un matin tu te réveilleras, et moi non. En plus d'avoir à t'occuper du reste de la famille pendant cette période-là, tu devras, peu après, continuer de diriger nos entreprises. Les 12 premiers mois, après que le paternel sera finalement devenu *l'ange* qu'il a toujours cru être, seront cruciaux. Tous se demanderont comment les entreprises vont se tirer d'affaire maintenant que le grand patron n'est plus. Le gérant de banque, les employés, tes amis — et tes adversaires — surveilleront tous de près la situation. Chacun possède son propre intérêt dans nos entreprises. Le gérant de banque, son argent; les employés, leurs emplois; les clients, la qualité de nos produits et services; tes amis, leurs meilleurs vœux de succès; tes adversaires, un gros morceau de ce que tu possèdes. Dans de telles circonstances, le plus léger contretemps pourrait faire qu'un précieux employé se mette à chercher du travail ailleurs; ton gérant de banque pourrait devenir nerveux et réduire ta marge de crédit au moment où tu en as le plus besoin — et pour des raisons n'ayant rien à voir avec le «départ» du paternel.

Lorsque je ferai le grand voyage, pense à quel point il sera plus facile pour toi de dire à tout le monde que même si personnellement tu regrettes l'absence de ton père — (j'espère que tu diras cela) — les entreprises, elles, n'en souffrent pas, car papa n'aura eu rien à y voir pendant les 10 années qui auront précédé (on pourrait même dire 20 ans, si je suis chanceux). Imagine leurs réactions positives quand ils prendront conscience que c'était toi qui dirigeais les entreprises pendant toutes ces années et non pas ton père.

S'il te plaît, reprends le collier avec ton équipe gagnante: l'humour, la patience et le dur labeur, et continue de diriger et de développer nos compagnies. Nous aurons encore nos petites réunions pendant lesquelles nous débattrons de nos convictions religieuses et politiques; je n'ai tout simplement plus l'intention de ruminer encore à l'infini des politiques d'affaires avec toi. Toutefois, je vais continuer de rencontrer par hasard nos amis communs du domaine des affaires lors de sorties sociales, et je m'attendrai à ce qu'ils me racontent avec force détails à quel point tu te débrouilles bien. Plusieurs bons amis m'ont déjà commenté: «C'est bien le fils de son père!» Un jour, ils pourraient très bien utiliser les mots que Edmund Burke écrivit en 1781: «Il n'était pas simplement le fils de son père, il avait autant de valeur». Je ne sais pas ce que tu ressentirais en entendant cela, mais moi, j'en serais totalement fier.

Pour ce qui est de ton inquiétude — comment père va-t-il être capable de se retirer des affaires après toutes ces années — n'aie aucune crainte. Pour commencer, ta mère n'a pu profiter que de deux périodes de vacances d'hiver en 20 ans. J'ai l'intention de réajuster cette situation.

Mes arbres et mes jardins négligés ont besoin qu'on s'en occupe et répondent bien à mes «pouces verts» de jardinier en herbe. Il y a encore beaucoup de poissons qui nagent dans les lacs du Nord et qui ne demandent qu'à être remontés, et il reste encore quelques grouses à faire cuire dans une cocotte.

Mes jours de pilotage ne sont pas encore terminés, je suis content de pouvoir le dire, et il existe de nombreux endroits que je n'ai pas encore vus dans cette magnifique contrée qu'est la nôtre. (Ne t'inquiète pas, j'amènerai un co-pilote avec moi — mais il ferait mieux de *me* laisser piloter s'il veut rester à mon service).

Au dernier décompte, il y a 52 livres que je n'ai toujours pas lus par manque de temps — sans y inclure la relecture des 10 gros volumes de Will Durant *The Story of Civilization* (L'histoire de la civilisation). Je peux t'assurer que j'ai l'intention de relire chacun de ces volumes — sans me presser — pour me rattraper à propos de plusieurs importants sujets d'histoire et de philosophie que j'ai pu oublier avec le temps.

Donc, je serai occupé à me faire plaisir. Puis-je te laisser sur un autre conseil — peut-être le millionième de tous ceux que je t'ai donnés au fil des années. Le voici:

> *«Rappelle-toi que tu devrais te comporter dans la vie comme lors d'un banquet. Lorsque l'on fait passer un plat et qu'il arrive devant toi, allonge la main et prends-en poliment une portion. Puis, fais-le passer, ne le retiens pas. Ou s'il n'est pas encore parvenu à toi; ne projette pas ton désir de l'avoir devant toi, mais attends que cela se produise. Agis donc ainsi envers les enfants, à l'égard d'une épouse, d'un travail ou de la fortune.»*

L'homme qui a écrit ces mots, Épictète, était un philosophe du 1er siècle. Il a passé 70 ans sur cette terre et n'a eu besoin que d'environ *80 mots* pour exposer ce modèle parfait pour une vie fructueuse et tout à fait réussie. Il y a là matière à réflexion.

Je ne crois pas à la réincarnation, mais lorsque j'arriverai là-haut, je découvrirai si une telle chose existe. Je demanderai peut-être de me réincarner dans ton fils. Cela a été vraiment *merveilleux* d'être ton père. (Tu peux graver *cela* sur ma pierre tombale).

Avec beaucoup d'amour,

Papa